Der Schwimmteich im Garten

Anna Dobler/Wolfgang Fleischer

DER SCHWIMMTEICH IM GARTEN

Anlage, Bepflanzung, Betreuung
Mit zahlreichen Bauanleitungen und detaillierten Pflanzenbeschreibungen

Orac WIEN • MÜNCHEN • ZÜRICH

Alle Fotos in diesem Buch stammen von Wolfgang Fleischer und Anna Dobler

ISBN 3-7015-370-2

Einbandgestaltung: Katharina Uschan
unter Verwendung eines Fotos von Wolfgang Fleischer
Grafiken: Gertrude Wagner nach Entwürfen der Autoren
Lektorat und Layout: Barbara Köszegi
Satz: Zehetner Ges. m. b. H., A-2105 Oberrohrbach
Repros: Repro Wohlmuth, Wien
Druck und Bindung: Mladinska Knjiga, Ljubljana, Slowenien

INHALT

Statt einer Einleitung

DAS SELTSAME WESEN TEICH

Das eigene Selbst durch die Augen zu verlassen, als stiege man ganz unbemerkt beim Fenster hinaus, ist gewiß eine der herrlichsten Arten von sanfter Verblödung. Und man muß gar nicht darauf bestehen, so viel Wohlbefinden als Meditation auszugeben. Schließlich ist man sich bloß losgeworden – zwar ein Hauptanliegen vieler Mystiker –, merkt es aber gar nicht, weil das Schauen am Teich so schön ist.

Während einem das – vielleicht soeben noch zu aufgeblähte – Ich nicht mehr in die Quere kommt, wird das gesamte Bewußtsein zur immer umfassenderen Anwesenheit der Außenwelt. Dazu gehört satte Faulheit – noch besser: alle Trägheit unter der Sonne; dann erwachen die Sinne von alleine, ohne Absicht und Einsatzplan. Sie schweifen einfach herum, und die Zeit vergeht. Sie tasten ein unbewältigbares Zuviel ab, das nicht streßt, sondern heilt – es ist die Dichte des Vielgestaltigen und Farbigen, des Riechenden und auf der Haut Spürbaren. Es ist zu dumm, weil es keinen Raum für begleitende Gedanken läßt, und man verschmilzt damit, als wäre es das eigentlichere Zuhause der Seele, von der man gerade jetzt nichts zu wissen braucht.

Irgendwann ist es sehr viel später geworden; man erinnert sich an einen großen Gelbrandkäfer, der einst einmal knapp unter der Wasseroberfläche vorbeigekommen ist, an den Frosch, der den reglosen Zeugen seiner Anwesenheit vergessen hat. Man geht ins Haus oder ins Wasser; und noch eine geraume Weile lang fällt einem kein Problem ein. Man ist bloß mehr im Hier und Jetzt als meistens im übrigen Leben.

Von den mythischen vier Urelementen lädt außer dem Wasser nur noch das Feuer zu so selbstvergessenem Glotzen ein. Der Fernseher ist selten eine ernsthafte Konkurrenz für die über den Scheiten tanzenden Flammen. Ein rauchiger Whisky verleiht der Absenz des Geistes das passende Aroma zu leisem Knistern.

Draußen ist der Teich erstarrt. Während der Herrschaft von Schnee und Eis mischt sich keiner in das

Stückchen Natur ein, das er für sein persönliches Eigentum hält – auch wenn ihm das kein einziger Regenwurm glaubt. Die Jahreszeit geht mit dem eingetragenen Besitz um, wie es grade kommt, manchmal mit übermächtiger Willkür.
Die Ohnmacht des Besitzenden ist gut so. Er kann den Schnee nicht auf gleichmäßige drei Zentimeter stutzen wie den Rasen; und in wenigen Monaten werden die kirschenfressenden Amseln diese seine Erziehung fortsetzen. Natürlich kann einer rund ums Jahr im Kampf liegen, um allen von ihm unverstandenen Naturgesetzmäßigkeiten seine Engstirnigkeit aufzuzwingen. Sich dabei als notwendige Ordnungsmacht zu fühlen, bringt wenig: Kriege, die man immer wieder nur verlieren kann, bleiben die mühsamsten.
Dem Teich käme man so nie bei. Zerzaust und schräg ragen die hohen Rohrkolben aus dem Eis, die Blätter welk und erdig braun – und genau so muß es sein; auch Seggen und Binsen stehen noch kreuz und quer durcheinander. Wer für Ordnung sorgt und sie abschneidet, bringt den Tod unters Eis: der Ausgleich ist gestört, die Posthornschnecken ersticken, die Frösche erwachen nie mehr aus dem Winterschlaf, und ein Jahr lang wird aus diesem Wasser keine Libelle mehr geboren.
Tatsächlich gilt es nur, sich langsam umzuwenden, um nun die Hinterseite vom Kaminfeuer wärmen zu lassen. Hinter Glas und Terrasse hat die blasse, niedrige Wintersonne eine Bahn von Rotgold übers Eis gelegt, gesäumt von bizarren Gebilden in Schwarzweiß: dunkle, geknickte Stengel, an denen der glitzernde Schnee anliegt, wirre Büschel im schärfsten Kontrast. Da ist jene Vielfalt des Unregelmäßigen, die das Auge am ergiebigsten beschäftigt. Und der spiegelnde Glanz – mit der Glut im Rücken verwandt – ist die aufglimmende Keimzelle des Frühlings, eine warme Goldschmelze der Hoffnung.
Doch selbst im Schneesturm oder still und seltsam bläulich im Mondlicht fasziniert dieses Bild: weil der Teich dem ersten Gestaltetsein längst entwachsen ist und so ungartenhaft daliegt, als vertrete er eine viel größere und unbezähmbare Weite. Was in der Stimmung sanften Lichts als lieblich erscheint, verbirgt nie die Wildpflanzenhaftigkeit mit einem tief ins Unsichtbare reichenden Eigenleben – wie opakes Wasser unter schwarzen Schlagschatten. Dort, genau am Wasserspiegel, fängt das Fremde an, wie im unverwandt orangegelben Blick unserer doch so vertrauten Katze; ab dort zählen wir und unser Wille nichts. Frag deine Katze.
Und belohnt werden wir nie. Gebührende Verdienste in Empfang zu nehmen gehört ausschließlich in die Welt, deren Regeln wir selber erfunden haben. Welche Leistungen wir für den Teich erbracht zu haben glauben – ganz abgesehen von der satten Faulheit, die wir auch als respektvolle Zurückhaltung ausgeben könnten: uns steht nichts zu. Was wir als Geschenk der Natur empfinden, ist nichts als unsere eigene Definition. In Wahrheit wird hier weder was verschenkt, noch herrscht ein unerbittlicher Kampf ums Dasein. Es laufen schlicht – in ungewohnter Stille gegenüber unserer Ernstnehmerei alles menschlichen Abstrampelns – genetische Programme ab. Und denen sind wir Wurscht; nix anderes.
Der goldglühende Sonnenglast auf dem Eis weckte unsere Hoffnung; und ist als physikalisches Ereignis eher vernachlässigenswert. Aber hier entbrennt vielleicht unsere Liebe: die völlig ungerechte Neigung, eines mit heiß erregter Anteilnahme dem andern vorzuziehen. Wenn das Leben, als Phänomen in einem „Welt“ genannten All, mit einfachen Wiederholungsmechanismen begann, also sich fortsetzend: dann existieren wir zwar auf derselben Basis, doch gehört uns auf dieser Ebene unser Körper so wenig wie der eigene Garten oder Teich. Unser zweites Leben – neben jenem, das sich ohne uns/für uns selber regelt – beginnt mit der Anteilnahme.
Mit Neugier, Verblüffung, Angst und Freude. Das intimere Entzücken hingegen ist mehr als spontane Reaktion – es ist die wissende Sinnlichkeit, die mit der Zeit und der Kenntnis wächst; die aus der fast hilflosen Verliebtheit eine vordem undenkbare Nähe der Liebe macht. Dann weiß man von den feinen kleinen Dingen, die von den vorangegangenen Passionen überdeckt wurden. Und dann ist die eigene Leistung gefragt: nämlich solches wahrzunehmen. Man kann es nun ruhig den abgestumpft Erregungsbedürftigen überlassen, sich durch Sensationelles stimulieren zu lassen.
Wie still doch der Teich ist. Auch die gewaltige Explosion des Frühlings ist lautlos, allenthalben; obwohl man sie als jene Sexualorgie bezeichnen könnte, die Unverblümtheit als Symbol der Hemmungslosigkeit absurd macht – sie ist nichts als verblümt und genital: als Prinzip der Pracht und Wirksamkeit. Die Weiden- und Pappelsamen schwimmen dicht auf dem Wasser: Und in diesem wimmelt es von Leben, während ganz vielerlei Grün – jedes ein bißchen anders – der Energie entgegenwächst, die auch unsere Laune freundlicher macht: Licht und Helligkeit.
Was jeder dabei sieht, hängt von ihm selber ab: Wenn ihn Einzelwissen nicht reizt, bezwingt ihn die Stimmung. Und was ihm dazu nicht einfällt, sagen sehr lautstark die Frösche. Die Wechselkröte gurrt wie eine zu hoch gestimmte Taube, besonders rührend. Die Tauben kommen meist in kleinen Schwärmen, um zu

trinken; da sie dabei fast den ganzen Kopf ins Wasser stecken müssen, also ihre Umgebung beim Schlucken nicht überwachen können, flattern sie lange und lautstark herum, bevor sie sich endlich entschließen, am Ufer zu landen. Bis dahin haben sie, durch ihre angstvolle Lärmentwicklung, die Frösche so enerviert, daß diese nun mit lautem Platsch von ihrem Sonnenplatz ins Wasser springen, um sich zu verbergen; was wiederum die Tauben so erschreckt, daß sie mit noch lauterem Flattern entfleuchen. So braucht es im allgemeinen zehn oder mehr Landungsversuche, ehe die Tauben zu ihrem nötigen Schlücklein kommen: in jener Distanz vom nächsten Frosch, daß sich dieser nicht mehr irritiert fühlt.

Auch die Stieglitze kommen in Gruppen, hüpfen in ihrer scheckigen Buntheit am Wasserrand herum, baden und trinken und schimpfen. Amseln kommen eher allein und baden am ausgiebigsten, spritzend und platschend: Sie vermitteln besonders deutlich, woran ohnehin nicht zu zweifeln ist – daß Tiere zwischen Wohlbefinden und Verdruß recht deutlich zu unterscheiden wissen, daß sie verspielt sind und genießen können. Und daß jene Philosophen der letzten zweieinhalbtausend Jahre, die das Bewußtsein – als Begriff und Tatsache – dem Menschen vorbehalten wollten, dieses eben so definieren mußten, daß Tiere (und manchmal auch Frauen) nicht dazugehören durften und konnten; doch jedes Murmeltier pfeift ihnen was.

Der Teichbesitzer, der gar nichts besitzt – denn sonst würden ihn die Regenwürmer unverdrossen weiter auslachen –, schwimmt durch seine Welt. Die Perspektive auf die blühenden Pflanzen des Wassers ist, von dessen Oberfläche aus gesehen, gänzlich verändert. Man treibt entlang von Seerosen, in ungewohnter Nähe, und bekommt einen Duft in die Nase: ein unvergleichliches Aroma, das sich von Sorte zu Sorte ändert. Und man schwimmt nicht mehr, wie etwa in den vorgezeichneten Bahnen eines Bassins: sondern lebt im Wasser, schnuppernd, fühlend, fast fischig, da und dort mit kleinen Handbewegungen hinpaddelnd – weil es so schön ist.

Doch dann kommt der schwere Regen; jeder große Tropfen läßt etwas wie kindische Männchen emporhüpfen und wirft dabei eine Blase an der Wasseroberfläche auf, die ein Weilchen bleibt, ehe sie von dem nächsten großen Tropfen zerschlagen wird. Und das Bleigrau des Himmels schlägt sich herab in den Teich, es bedroht von unten wie von oben. Dann springt der Wind auf, und die vielen kleinen gerippten Wellen simulieren einen Fluß, der da ständig vorüberzieht, plötzlich beruhigend in der Gleichmäßigkeit seines Fließens.

Die Schwalben sind zurückgekehrt. Aus näherer oder

fernerer Entfernung versammeln sie sich immer wieder über dem Teich – häufig und vor allem gegen Abend – und sausen kreuz und quer durcheinander, so daß sie das Auge nur noch verwirren. Sie trinken, indem sie mit der unteren Schnabelhälfte das Wasser geradezu durchpflügen, mit rasanter Präzision. Und sie baden, indem sie sich aufflatternd ins Wasser platschen lassen, um sofort wieder in einem glitzernden Regen versprühter Tropfen aufzusteigen. Der badende Schwimmteichbesitzer ist ihnen völlig gleichgültig: Sie tun das in ihrem Teich und unter Umständen in Armlänge vor seiner Nase, während er schwimmt.

Am nächsten Morgen hängen an vielen Schilfstengeln die leeren Hüllen der „Nymphen", wie man die gar nicht so niedlichen Larven der Libellen nennt. Hunderte werden im Laufe des Sommers aus einem einzigen Teich geboren – und scheinen immer wiederzukehren. Dann tanzt stählernes Blau durch die Luft, ein Knallrot und ein Smaragdgrün in jähem Zickzack.
Und wenn man sich gerade wieder durch die eigenen Augen davongestohlen hat, gehört man ohnehin zu ihnen, zu den Stieglitzen und Fröschen, zu den Seerosen und Schwalben; und tut wieder einmal nichts, in der köstlichen Wärme.

1. Teil

ZUR PRINZIPIELLEN ENTSCHEIDUNG

DER ABSCHIED VON TÜRKIS

Zu mancher intimen Erinnerung aus eher weiterer Ferne gehört die kleine Bucht eines waldumstandenen Sees oder ein still spiegelnder Weiher. Dort tauchte man leise ins Wasser und schwamm unter rufenden Vögeln; oder ließ sich entlang von Schilf und Seerosen treiben. Solche Fleckchen wüßte man heute immer schwerer zu finden; dann ist womöglich das Baden verboten oder die Natur von Horden zertrampelt, deren Begeisterung vor allem der eigenen Lautstärke gilt.

Kann, was zunehmend als verlorenes Paradies erscheint, in den eigenen Garten zurückgeholt werden? Oder nur mit Einschränkungen und Risiken, vielleicht weitgehend unkalkulierbar – und dafür zu teuer?

Während die Mode des „Biotops" boomt, werden auch die Fragen lauter.

(„Biotop" natürlich in Anführungzeichen: der *topos* des *bios* – ein Ort des Lebens – ist auch im großstädtischen Lichthof, in Ihrem Blumentopf, in einer Fäkaliengrube; und eben *der*. Doch da uns Oberlehrerhaftes fernsteht, sagen wir weiterhin *das Biotop* für einen Lebensbereich mit Wasser und Sumpf, wie sich's fälschlich eingebürgert hat – doch allgemein verstanden wird. Der Schwimmteich ist ein Sonderfall mit deutlichen Unterscheidungen.)

Für wen Türkis die Signalfarbe des Urlaubs geblieben ist, dem fehlt auf jeden Fall noch einiges an geistiger Wegstrecke zum Schwimmteich. Wo immer das Meer in den Tropen gar so blaugrün leuchtet, ist es – biologisch gesehen – von wüstenhafter Unfruchtbarkeit. Dort ist so wenig Plankton vorhanden, daß es kaum eine Fortsetzung der Nahrungskette und also fast keine höheren Lebewesen gibt, sieht man von den Menschen ab, die sich besonders gern darin tummeln.

Und weil das so wunderschön ist, verwendet man Türkis für die Fliesen oder die Plastikfarbe des Swimmingpools. Ganz klar: es handelt sich um ein nachhaltig erlebtes Symbol der Sauberkeit. Und wo man diese im heimischen Pool mit Chemikalien steuern kann, endgültig um Sterilität.

Vielen Menschen ist, trotz modisch-gegenteiliger Beteuerungen, die Natur in vielen Aspekten unheimlich. Nicht nur allein im finstern Wald oder gar in schwarzem Wasser schwimmend, nicht nur im Kerzenwinkel beim Gewitter. (Ob hier gewissermaßen archetypische Urängste aus der Menschheitsgeschichte aufbrechen oder uns ein westlicher Zivilisationsirrtum fehlerzogen hat, können wir als Thema den widerstreitenden Schulen überlassen.) Und was zu diesem Unbehagen immer gehört, ist das Gefühl zumindest momentaner Hilflosigkeit. Diese ruft – und sei es in uns selbst – die Macher auf den Plan.

Sich durch Verstand und Technik zu wehren, gehört eben auch schon sehr lange zum Menschen; und ist selbst angesichts der spät einsichtig gewordenen Folgeschäden nicht einfach pauschal zu verteufeln. Das war und ist in vielen Belangen die Art, sich bessere Voraussetzungen und angenehmere Lebensumstände zu schaffen. Der Swimmingpool gehört völlig konsequent zu dieser Geschichte. Wer das Wasser in einer Blumenvase zu lange nicht gewechselt hat, weiß, was passiert: es wird grün, es beginnt faulig zu stinken, zuletzt wird es obendrein ekelhaft gallertig. Außerdem geht das alles recht schnell. Also probierte man so lange damit herum, bis die Sache funktionierte: mit Umwälzpumpen und Filtern, mit Chlor zur Entkeimung und, als sich das für manche Algen als noch zu wenig wirksam erwies, mit eigenen Algengiften. Das hieß zwar ständige und auf die Dauer auch recht kostspielige Betreuung, es hieß bei empfindlicherer Haut eine beträchtliche Belastung für diese – aber man kannte ja gar keine andere Möglichkeit, größere Mengen Wasser unter der Sonne für längere Zeit – nun, nicht gerade frisch, aber immerhin steril zu halten. Daß, beim doch immer wieder notwendigen Wasserwechsel, die Abwässer mit den Chemikalien belastet wurden und dies in der Folge von mehr und mehr Gemeinden verboten werden mußte, war dem damaligen Denken noch fremd und ist heutigen Swimmingpool-Besitzern eine höchst ärgerliche Belästigung (der manche durch nächtliches Ablassen auszuweichen versuchen).

Nun gibt es biologische Möglichkeiten, das Wasser frisch und lebendig zu halten: Es ist schlicht die modernere und viel raffiniertere Methode. Ohne Schadstoffe, mit Nutzen auch für die Natur.

Erste Annäherung

DER BIOLOGISCHE SCHWIMMTEICH

Die biologische Methode liegt nicht auf der Ebene der bisherigen (technischen) Entwicklungen, sondern ist eine radikale Umkehr derselben – und verlangt vor allem eine andere Mentalität. Wer sich wohl fühlt, wenn er nach genauen Gebrauchsanweisungen Pumpen bedient und Filter wechselt, ist jetzt – zumeist in vorgeschriebener Untätigkeit – Vorgängen der Natur „ausgeliefert", der er bisher mißtraut hat. So rasch stellt sich das Vertrauen auch nicht ein – den Spieltrieb mit technischen Geräten und beträchtlichem Aufwand auszuleben, bleibt so manchem die näherliegende Lösung. Und da hat er genau den erwarteten Erfolg – der altmodischen Art. Nämlich alles so lange zu verändern, bis die Maximaldistanz zur Natur erreicht ist, die erst damit als beherrscht gilt. Dann ist der Rasen einem Spannteppich ähnlicher als einer Wiese, in den überdüngten Beeten für Gärtnerhybriden geht jede Wildblume zugrunde, die asiatischen oder amerikanischen Ziersträucher geben weder Bienen noch Vögeln mehr Nahrung: Und jetzt erst kann man sagen, man sei im Vollbesitz seines Stückchens „Natur", denn hier spuckt einem kein Käfer mehr in die Suppe.

Bei einer solchen Mentalität sollte man Wasserpflanzen höchstens als Ornament auf den Fliesen haben und das Bad in der Wanne nehmen.

Wem aber das mehr oder minder knatternde Mähen des Rasens und der fade Ausblick auf diesen schon gründlich auf die Nerven geht, der ist vielleicht zur Vorstellung bereit, daß eine Wasserfläche an dieser Stelle kaum Arbeit, aber dafür den Anblick von sechzig, siebzig oder noch mehr Sorten von Wasserpflanzen bietet. Hier blüht es am Ufer und aus dem Wasser, vom Frühling bis zum Herbst, und fast genauso lang kann man darin noch schwimmen. Für die Größe der Bucht jenes waldumstandenen Sees von seinerzeit wird es wohl kaum reichen, aber dafür kann man sich viel persönlichere Wünsche erfüllen: wo man, hinter hohen Rohrkolben geborgen, nichts als seine Ruhe genießen will, wo man von der Terrasse aus auf die prächtigsten Wasserschwertlilien und Seerosen hinabblicken will, wo das intimste Plätzchen zum Sitzen und Schauen sein soll und vielleicht, wo eine Quelle entspringt, ein Bächlein durch den Garten mäandert, wo die seltenen Moorpflanzen eine ganz andere Lebensgemeinschaft entstehen lassen sollen ... Die Liste könnte länger und länger werden, sie wird für jeden ganz anders aussehen – und zuletzt wird auch jeder Teich so individuell und einmalig sein wie sein(e) Besitzer(in).

Denn der rein biologisch funktionierende Teich wird nicht als fertiges Schema geliefert, es gibt keinen formalen Prototyp, den man in die verschiedensten Gärten plaziert, und es braucht auch nichts dergleichen, weder Fertigteile noch sonst etwas dieser Art. (Obwohl es Firmen gibt, die einem ihr fixes Modell – der bloßen Einfachheit halber – einreden wollen; oder teure Patentideen zu verhökern versuchen, die völlig überflüssig sind – dazu später mehr.) Der Teich, wie er sein soll, entsteht an Ort und Stelle, als Ergebnis von Wünschen und – eventuell – von Geländebedingungen wie etwa Hanglage, Schmalheit des Gartens, Baumgruppen und ähnlichem. Die Anpassungsfähigkeit bleibt dennoch fast unbeschränkt – und ist gerade vom zukünftigen Besitzer im allgemeinen am besten einzuschätzen: Er kennt seinen Garten und seine Wünsche. Und daß auch „Laien" keine schiefen Wasserspiegel planen, ist ihnen durchaus zuzutrauen.

Wie groß soll der Schwimmteich sein?

Dazu gleich eine erste Kompromißlosigkeit: Wir würden bei der Errichtung eines *Schwimmteichs* sehr ungern die Verantwortung übernehmen, wenn die Anlage weniger als 100 m² umfaßte. Ein *Biotop* kann sehr viel kleiner sein; doch gilt auf jeden Fall für beide Typen von Teich, daß das biologische Funktionieren mit zunehmender Größe stabiler wird.

Denn die Qualität lebendigen Wassers – unpräzis für: klares Wasser, in dem vielerlei Leben stattfindet – ist ständigen Schwankungen unterworfen. Sie ist selbst morgens anders als mittags oder abends; nach mehrstündiger Sonneneinstrahlung anders als nach einem heftigen Gewitter mit – in Mitteleuropa geradezu naturgemäß – saurem Regen; nach scharfem Wind anders als nach schwüler Stille. Nähere Erklärungen dazu folgen im nächsten Kapitel; doch schon die jetzige Aufzählung sollte klarmachen, daß eine größere Menge von Wasser, von Pflanzen und Lebewesen darin diese unvermeidlichen kurzfristigen Einflüsse besser erträgt und ausgleicht. Natürlich wird eine flache

Lacke schneller heiß als ein großer und tieferer Tümpel.
Dazu kommt, daß der Schwimmteich ein eher extremer Sonderfall von „Biotop“ ist. Die Badezone wird durch einen Wall, der etwa bis dreißig Zentimeter unter die Wasseroberfläche reichen sollte, vom Pflanzenbereich getrennt. Im Schwimmbereich wird weder eine Erdmischung („Substrat“) eingebracht, noch wachsen Pflanzen darin. Man schwimmt in einem wie immer gestalteten Becken mit vielleicht unterschiedlichen Tiefen, das nur mit einer schwarzen, etwa 2 mm dicken Folie ausgekleidet ist. Auch wenn es nur die Hälfte der Gesamtoberfläche der Anlage ausmacht – und das ist schon das absolute Maximum, weniger wäre wünschenswert –, so ist allein schon durch die größere Tiefe gegeben, daß sich hier nicht doppelt, sondern mindestens drei- bis viermal soviel Wasser befindet wie in jenem Teil, wo die intensiven Prozesse zur Klärung des gesamten Teiches stattfinden. Das heißt nicht, daß das Wasser der Badezone völlig unaktiv („tot“) oder gar steril ist – und ein Blick durchs Mikroskop überzeugt vom Gegenteil. Doch damit sich im Schwimmbereich keine Algen bilden, müssen die Nährstoffe für diese dem Wasser dort entzogen werden, wo es möglich ist: in der Pflanzenzone.
Das ist nur eine der Bedingungen fürs Klarhalten des Wassers – und eine besondere Problematik des Schwimmteichs, welche in einem durchgehend bepflanzten Biotop nicht gegeben ist. Dazu kommt eine weitere und besonders belästigende Störung des prekären Gleichgewichts, die nur von uns als Sinngebung der ganzen Anlage betrachtet wird: das Baden. Wenn man dem häufigen Unfug folgte, natürlichen Gegebenheiten so etwas wie menschliche Regungen zu unterstellen, müßte man eher deutlich sagen: Der Teich will ja gar nicht, daß wir in ihm schwimmen. Natürlich sagt er's nicht; aber die Seerosen immerhin zeigen deutlich genug, daß sie die Wellen der Schwimmenden so wenig schätzen wie stärkeren Wind oder Regen, und sie schließen ihre Blüten manchmal längst vor der Zeit.
Tatsächlich stellt ein Schwimmer einiges an, von dem er keine Ahnung hat: Er wirbelt Plankton, das nur driftet oder, auf- und abwärtssteigend, sich gerade im idealen Nahrungs- oder Ruhebereich befindet, gehörig durcheinander. Das bringt nur kurzfristigen Schaden; zudem ist schlechtes Gewissen gegenüber Plankton in unserer Gesellschaft nicht sehr verbreitet. Aber es handelt der Badende auch gegen eigene Interessen. Ein rund zweihundert Quadratmeter großer Schwimmteich – was schon ein recht vernünftiges Maß darstellt, sowohl für angenehmes Schwimmen als auch für die Stabilität – wird beim Baden in etwa zehn Minuten ziemlich gründlich durchmischt: Bei zwei Meter Tiefe differieren die Temperaturen anfangs um drei bis vier Grad (da spielen verschiedene Faktoren mit, doch greifen jedenfalls in den ersten Minuten Kältewölkchen von unten nach Beinen und Bauch), dann herrscht überall die mehr oder minder selbe Temperatur.
Diesmal fragen wir gar nicht nach dem Schock von Mini-Krebschen und anderen unsichtbaren Winzlingen, die dadurch gestört, aber nicht wahrhaft gefährdet werden, sondern sehen den zweifelhaften Erfolg selber. Wir haben, durch Wirbel und geförderten Auftrieb, die Sedimentierung gestört (was im „Biotop“ niemand tut). Alles an „Detritus“ – d. h. Abgestorbenes, in den Teich Gewehtes, zersetzte Pflanzenteile: kurzum vom Menschen als „Dreck“ Bezeichnetes – sinkt irgendwann einmal ab, bildet Schlamm (etwas korrekter: wird zu Schlamm gebildet), liegt meistens leicht geschichtet. Es ist mehr oder minder aufbereiteter Nährstoff, den wir durch köstliche Schwimmtempi, genüßliches Plätschern und kecke Delphinrollen wieder in Zirkulation und an die Oberfläche bringen. Das bewirkt nicht mehr als eine leichte Trübung des Wassers, aber jetzt ist der Stoff, aus dem Algen werden, wieder nahe dem Licht, also der Sonnenenergie, die ihren Aufbau ermöglicht.
Dazu kommt – vor allem bei einem neuen Teich –, daß jedes Wellchen, das der Schwimmer bewirkt (und da ist wahrlich nicht vom Kopfsprung oder klatschenden Bauchfleck die Rede), am noch nicht gänzlich durchwurzelten Ufer ein kleines Wölkchen des „Substrats“, der Erde, löst. So entsteht auch dort, ebenso wie bei starkem Wind oder heftigem Regen, eine schlammige Trübung – welche die mineralischen Nährstoffe ins Wasser entläßt. Und wieder ist der Stoff, aus dem die Algen werden . . .
Diese Bemerkungen gelten vor allem dem Verständnis für die notwendige Größe der Anlage: Ein kleines Schlammwölkchen darf eben keine sichtbaren Folgen haben; sowenig wie etwas aufgewirbelter Schlamm.
Ausgehend von geforderten (mindestens) hundert Quadratmeter, bei einer Pflanzenzone der halben Gesamtgröße, läßt sich jetzt Genaueres sagen: Für wie viele Badende – etwa Familienmitglieder – ist der Schwimmteich geplant? Wie viele Kinder, denen gewisse Rücksichtnahmen – still-genußvolles Schwimmen – gar nicht zumutbar sind, sollen dort ihren ungetrübten Spaß am Wasser und ihre Beziehung zu Fröschen, Libellen und badenden Vögeln grundlegend fürs Leben finden?
Dafür gibt es keine Tabellen. Gehen Sie davon aus, daß ein zweihundert Quadratmeter großer Teich für

eine vierköpfige Familie geeignet ist und sonntägige Gästeinvasionen eventuell noch besser verträgt als Sie selber – also spätestens am Dienstag wieder erholt ist. Bei heftiger Dauerbeanspruchung ohne die Möglichkeit, den Teich einfach größer zu machen, ist eine Lösung zu wählen, die der Pflanzenzone gute zwei Drittel der gesamten Teichoberfläche einräumt. Für „Tümpler" reicht ohnehin eine kleinere Abkühlungszone, wo sie schnaubend auf- und untertauchen können; für Schwimmer läßt sich ein schmaler – wie immer gekrümmter oder gerader – länglicher Schwimmbereich konzipieren.

Problematische Teichbenutzer

Dennoch bleiben noch Vetos, die alles in Frage stellen. Bekanntlich baden viele Hunde leidenschaftlich gern. Wer einen solchen hat und ihn – wir möchten meinen: natürlich – auch liebt und in seinen Ansprüchen respektiert, mag es zwar erdulden, daß sein Liebling das Biotop versaut – aber auf den Schwimmteich ist besser zu verzichten: des heikleren Gleichgewichts wegen. Etwa ein – schon von seinen Schwimmhäuten fürs Wasser genetisch prädestinierter und sicher nicht kleiner – Neufundländer wird nicht sacht über die Treppe in den Teich steigen, sondern begeistert durch die Pflanzenzone tollen, sich wälzen und, lustvoll die gewaltigen Tatzen einsetzend, einen beträchtlichen Teil der Wasserpflanzen seiner Umgebung entwurzeln. Nach ein paar Tagen bleibt nichts übrig als eine Schlammsuppe, auf der ein paar geknickte Stengel schwimmen. Dabei ist natürlich der Neufundländer nicht als artspezifische Diffamierung gemeint; jeder Besitzer eines Hundes kann selbst abschätzen, wie sein spezieller treuer Menschenfreund auf Wasser und/oder Verbote diesbezüglich reagiert.
Eine andere Frage betrifft Fische, mit einer ebenfalls kompromißlosen Antwort: Einige wenige kommen fürs Biotop in Frage, für den Schwimmteich absolut keiner – es sei denn, die Ausmaße gingen sehr, sehr weit über alles bisher Besprochene hinaus. Auch hier erfolgt die Begründung später.

DIE BÄNGLICHEN FRAGEN

Wie klar bleibt das Wasser?

Sollten Sie nun den Willen zu und auch den Platz für einen Schwimmteich haben, ist's an der Zeit, zu den bänglichen Fragen zurückzukehren. Etwa: da kennt man jemanden, der ein Biotop versucht hat und nun über die grüne, stinkende Suppe klagt. Solche Geschichten machen meist nachhaltiger die Runde als die weniger erfreut empfangenen Erfolgsmeldungen – wie das im Bekanntenkreis eben der Brauch ist. Aber natürlich: es gibt völlig verpfuschte Teiche. (Immerhin lassen sie sich fast immer restaurieren – wenn nicht gerade Hunde oder Fische schuld sind.) Die Gründe, die im einzelnen später besser verständlich werden, beruhen ausschließlich auf mangelnder oder fehlerhafter Information. Und so mannigfach die Ursachen im Detail auch sein mögen: Das Endergebnis ist stets ein Mißverhältnis zwischen der Belastung des Wassers einerseits und der Klärmöglichkeit andererseits. Es gibt gar keine andere Fehlfunktion. (Abgesehen von den unabschätzbaren Wegen der Dummheit: wenn etwa jemand versucht, das lebendige Wasser seines Schwimmteichs mittels Chlor noch „sauberer" zu machen – worauf natürlich alles kaputtgeht.)
Doch kommen auch Klagen, ohne daß eine echte Störung vorliegt. Und sei es aus purer Unsicherheit: ob darauf Verlaß sei, daß die Natur wirklich immer das Richtige tut. Da gibt es zum Beispiel die Anfangstrübung: Wenn ein neu fertiggestellter Teich erstmals mit Wasser gefüllt wird, setzt nach wenigen Tagen eine Grünfärbung des Wassers ein, mit immer geringerer Sichttiefe; schließlich kann tatsächlich ein erbsensuppiger Eindruck entstehen, mit ganz ungustiösen Schlieren und Blasen. Nun: das ist haargenau der richtige Zeitpunkt, um den Teich stolzgeschwellt allen jenen Verwandten und Freunden vorzuführen, die man später nicht als dauerhafte Badegäste da haben will. Denn diese Anfangstrübung vergeht vollständig, sowie die Pflanzen verwurzelt sind und gedeihen und sich alle biologischen Kreisläufe etabliert haben. Das kann freilich, je nach Sonneneinstrahlung und Wassertemperatur, von einigen Wochen bis zu rund zwei Monaten dauern.
Aber auch in einem älteren, schon längst verwachsenen Teich treten Schwankungen in der Klarheit des Wassers auf – wie in jedem Gewässer der Natur. Es handelt sich dabei um genau erklärbare Zyklen, die für Ihren Schwimmteich ebenso gelten wie für den Bodensee (wo man diese Erscheinung erforscht hat). Im Falle einer Beunruhigung kommt also der vergleichende Blick ins nächste größere Naturgewässer billiger als das Herbeirufen des Fachmanns. Die größte dieser Trübungen ergibt sich im Frühling: und zwar aus fast demselben Grund wie beim ersten Einlassen des Teichs – nach der Winterruhe brauchen die biologischen Kreisläufe wieder Zeit, sich vollständig auszubilden. Die weiteren jahreszeitlichen Schwankungen fallen immer geringfügiger aus und sind oft mit dem Mikroskop deutlicher nachzuweisen als mit freiem Auge; auch werden sie mit dem Alter des Teichs noch schwächer.

Fadenalgen

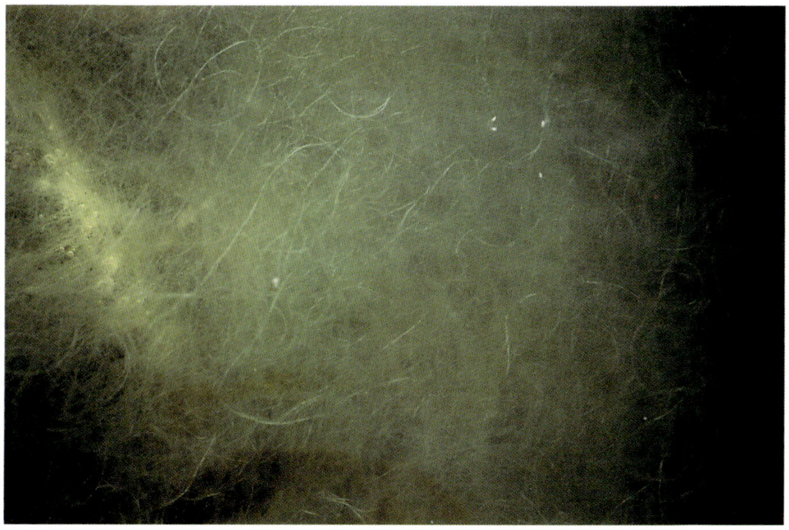

Trotzdem werden Sie immer wieder im Laufe des Jahrs größere Algenbüschel aus Ihrem Teich abfischen müssen oder wollen. Jedoch: es handelt sich dabei um ganz *andere* Algen als jene gefürchteten der Wassertrübung. Die Unterscheidung ist denkbar einfach: Die „bösen" sind so winzige Einzeller, daß man die meisten von ihnen noch nicht einmal mit einem Stereomikroskop – das mit seiner bis zu fünfzigfachen Vergößerung für Naturbeobachtungen besonders geeignet ist – je zu Gesicht bekommen wird. Man sieht absolut nichts von ihnen – außer der gleichmäßigen Grünfärbung des Wassers. Die anderen hingegen – ob es „gute" sind, wird noch besprochen – sind deutlich sichtbare Fäden, zumeist in dichten Ballen, die wie sauberer, grober Filz wirken, wenn man sie aus dem Wasser nimmt. Diese zeigen eine hervorragende Wasserqualität an, knapp unter jener des Trinkwassers – sind also wirklich kein Anlaß zur Besorgnis, sondern veranlassen bloß eine der wenigen kleinen Arbeiten, die der Teich überhaupt zu vergeben hat.

Die Mücken/Gelsen

Nun, was brütet das Wasser sonst noch Schlimmes aus? Im Sommer vor zwei Jahren brachte das Österreichische Fernsehen in seinen Nachrichten die Erklärung, die besondere Gelsen-(bzw. Stechmücken-)Plage sei unter anderem damit erklärbar, daß es in Österreich nun immer mehr Biotope gebe. Seither plagt uns auch bei Nachrichten ganz anderen Inhalts der heftige Zweifel am Informationsstand, von dem da ausgegangen wird. Es ist vielmehr das Gegenteil so sehr wahr, daß wir sogar Geldprämien ausgesetzt haben, falls uns jemand in unserem eigenen Teich eine Mückenlarve zeigen könne. Und zahlen mußten wir noch nie. Denn in einem funktionierenden Biotop mit sauberem Wasser sind die Freßfeinde der Larven so zahlreich, daß sie nicht einmal jene Größe erreichen, die man mit freiem Auge wahrnehmen kann. Eine kleine schmutzige Pfütze im Lehm bringt mehr dieser Quälgeister hervor als ein noch so großer Schwimmteich.

Daß man allerdings beim Baden gestochen werden kann, wollen wir gar nicht bestreiten; die Biester fliegen ja von allen Richtungen her. Und gleich noch weiter zur Stich-Frage: Es gibt auch Wasserwanzen, die sehr unangenehm zustechen können – was uns allerdings noch nie geschehen ist. An seltsamem Getier findet sich überhaupt rasch verblüffend vieles ein – rund um den Teich und vor allem im Wasser, ab den ersten Stunden nach dem Einlassen. Die Wasserläufer werden die meisten kennen, bei den Rückenschwimmern fängt das Staunen an, und die Vielzahl an Schwimmkäfern aller Größen (bis immerhin fünf Zentimeter) scheint ein eigenes Studium zu erfordern – auf das sich gar nicht wenige Teichbesitzer irgendwann auch tatsächlich einlassen; neben dem der Libellen und ihrer Larven, der Amphibien und und und . . .

Die leeren Larven – Nymphengehäuse – von Libellen

Die Frösche

Man hat nicht die Wahl, mit welchen und mit wie vielen anderen Lebewesen man den Teich teilen muß. Sie sind einfach da, mit größter Selbstverständlichkeit. Das gilt auch für den ersten und alle weiteren Frösche, eventuell für Molche und Kröten. Wenn es diese Tiere irgendwo in der Nähe gibt, werden sie den Teich unweigerlich finden – sei es nur zur Paarung und Laichablage, sei es als Wohnstätte fürs Leben. Man stört einander ein bißchen: wir die Frösche beim Umwandern des Teiches, wobei sie vorm Herannahen des Schrittes oder Schattens von ihren Sonnenplätzen ins Wasser springen, untertauchen und sich verbergen – während sie uns beim Schwimmen schon viel verständnisvoller betrachten und oft neugierig in der Nähe bleiben. Wie sie uns und alle Nachbarn stören, ist bekannt: mit ihrem Gequake, das von Mitte April bis in die erste Junihälfte und vom Spätnachmittag bis lang nach Mitternacht dauert. Die erreichte Phonzahl kann jene einer Diskothek übersteigen. Wer damit nicht leben will – und aus dem männlichen Werbungsknarren kein bißchen Frieden heraushören kann –, sollte Biotop oder Schwimmteich ebenso meiden wie jene Dame, die uns mit sehr geweiteten Augen fragte: „Ihr badet wirklich im selben Wasser wie die Frösche?!"
Im übrigen hat sich zur Lärmimmission durch Frösche – wie das sehr juridisch heißt – schon längst eine eigene Rechtslage ergeben: Sämtliche Klagen darüber – in Deutschland, Österreich und der Schweiz – wurden von den Richtern einhellig zurückgewiesen. Dieser beneidenswerte Erfolg der vereinigten Frösche vor Gericht hat einen recht einfachen Grund: sie stehen absolut unter Naturschutz. Ebenso wie die Ringelnatter, die irgendwann im Teich auf Kaulquappenjagd gehen wird, aber so scheu ist, daß man sie kaum zu Gesicht bekommt.

Artenschutz am Schwimmteich

Und je länger man die Liste der Teichbewohner durchforscht, um so deutlicher wird es: Fast alle diese Geschöpfe sind ebenso vom Aussterben bedroht wie ein Großteil der Wasserpflanzen, zwischen denen sie

soeben ihr neues Leben beginnen; und gleichermaßen, was sonst dort schwirrt oder badet, von den Libellen bis zur Bachstelze. Jener Geist, der stets die Unwägbarkeiten der Natur mit technischen Mitteln ausschalten wollte, um überall dieselbe Verfügbarkeit von allem und jedem herzustellen, hat allzu lange trockengelegt: sich selber und seine Umgebung.

Das fing einmal sinnvoll genug an. Die alten Römer haben gar nicht so gesponnen, als sie Entwässerungsgräben durch die Pontinischen Sümpfe zogen; bis tief in die Neuzeit dachte man, daß die *mal aria* – schlechte Luft – aus den Sümpfen aufsteige und die Menschen krank mache. Das war zwar nicht der ganz richtige Zusammenhang, aber auch nicht grundlegend falsch. Und wie bizarr düster sich die Moore, voll von Monstern und Irrlichtern, dem menschlichen Gemüt eingeprägt haben, zeigen moderne Krimis, die sich von alten Märchen wenig unterscheiden.

Mit diesem ganzen Spuk hat unser Jahrhundert gründlich aufgeräumt. Als das Argument der Malaria durch Nutzbarkeit ersetzt war, blieb kaum eine feuchte Wiese verschont; Drainage wurde das Zauberwort für den einfachsten Landgewinn, wo schon alles genutzt schien. Wildbäche wurden verbaut, Flüsse reguliert und begradigt; die angestammte Fauna und Flora der vormaligen Überflutungsgebiete war damit vernichtet. Da dort, wie geplant, kein Wasser mehr hingelangen, versickern und gespeichert werden kann, führt der schnelle Abfluß bei Trockenheit zum Absinken des Grundwasserspiegels; bei schwerem Regen hingegen steigen die Fluten so schnell, daß ungeahnt viele Städte zum Überflutungsgebiet werden – zwar dem teuersten, aber gewiß auch unfruchtbarsten. Da können selbst die Macher nicht mehr stolz und ihre Versicherungsgesellschaften nicht glücklich sein.

Erst geschädigtes finanzielles Interesse führt zur (meist sehr zögerlichen) Umkehr. Es wäre effizienter und billiger gewesen, mit der Natur statt gegen sie zu arbeiten, dafür aber fehlt altmodischen Technikerköpfen das Verständnis. (Österreichs Gemüseland, das Marchfeld mit seinen ausgedehnten Feuchtgebieten, hat man – zum Landgewinn – um Milliardenbeträge so gründlich entwässert, daß die heute ständig notwendige Bewässerung ein Vielfaches davon kostet; noch schlimmer aber werden die Folgekosten durch die Anreicherung des Bodens mit Salzen und Nitrat sein – oder man überläßt einfach alles der Verwüstung, nachdem man zuerst den Lebensbereich der Feuchtzonen ausgelöscht und dann die Anbauflächen versaut hat.)

So weit, so schlecht; die Vernichtungsrate der wenigen verbliebenen Naßgebiete geht immerhin zurück; und es werden sogar Naturschutzzonen eingerichtet. Aber so ein Reservat – dessen Sinn damit wirklich nicht in Frage gestellt werden soll – ist heute ganz anderen Bedingungen ausgesetzt als noch vor wenigen Jahrzehnten. Denn eine Globalisierung, die wirklich perfekt gelungen ist – mit aller verblüffenden Eleganz der unbeabsichtigten Wirkung –, ist die weltweite Eutrophierung, also Nährstoffanreicherung: verursacht nicht nur durch zu reichliche Düngergaben, sondern auch durch die längst in der Atmosphäre angesammelten und herabregnenden Stoffe, die teils überdüngen, teils vernichten, indem sie Bodenmetalle zu Giften verwandeln. In der Erde ist zuviel davon, im Grund-(und häufig genug Trink-)Wasser ebenfalls, und was als Bächlein in die Naturschutzzone einfließt, bringt dieselbe chemische Botschaft wie der Regen: Sterbt gleich – oder gedeiht zu Tode.

Denn ein enormer Anteil der Wildpflanzen – und das gilt genauso für jene, die das Wasser bewohnen – sind Spezialisten der Armut. Ungenützter Ressourcenüberschuß entspricht der Natur nicht; wo ein bißchen Fels verwittert, siedelt sich Leben an; was gegeben wird, das wird genommen. Nur die wenigsten haben's üppig getroffen. In anderem Sinn als für den heimischen Mager- und Trockenrasen, auf dem die letzten wilden Orchideen blühen, gilt die grundlegende Armut sogar für den Inbegriff des Wucherns, den tropischen Regenwald – außer seinen eigenen Verrottungsprodukten steht ihm keinerlei Nahrung zur Verfügung; sowie dieser Kreislauf durch menschliche Eingriffe – Entnahme von Stoffen – durchbrochen wird, ist dieser Wald nicht mehr regenerierbar, sondern für immer dahin. Dasselbe gilt für alles damit verbundene Leben.

Während wir das schreiben, sterben mindestens fünfzig bis hundert Arten aus – Spezies, Lebensformen; und so jeden Tag.

Jemand wollte in seinem eigenen Garten durch klares, natürliches Wasser schwimmen – und jetzt erfährt er mit einem Mal, daß er eine Art von Noah geworden ist; und jedes Biotop eine Art von Arche. Das ändert den Blick auf alle Arten von Geschöpfen, die zusteigen. Und gerade ihre Gefährdung und Seltenheit macht sehr viel neues Kennenlernen möglich. Während Weltkonferenzen recht ratlos über die Erhaltung der Artenvielfalt verhandeln, läßt sich der – auch mentale – Weg vom Swimmingpool zum Schwimmteich auf eine einfache Formel bringen: Vielfalt statt Einfalt.

Dennoch: auch der Schwimmteich ist kein geschlossenes System, in das von außen nichts eindringt; nicht alles Gute, sondern vieles Schlechte kommt von oben, tröpfchenweise. Doch gibt es, abgesehen vom Regen, keinen unkontrollierbaren Zufluß – wenn

man von der Ergänzung verdunsteten Wassers absieht. Das geschieht mit Leitungs- oder Brunnenwasser, das man testen und gegebenenfalls in kleinen Dosen verabreichen kann.
Doch am wichtigsten ist: Das gute Funktionieren des Schwimmteichs – die ständig hinreichende Klärung des Wassers – braucht im ganzen System die Erhaltung der Armut. So sind es gerade die gefährdetsten Wildpflanzen, die hier zur Anwendung kommen müssen. Weitgehend sind es auch die schönsten. Doch Pflanzen betrachtet man heute nicht mehr – wie in der alten Botanik – isoliert; es gibt vielfache Wechselbeziehungen unter ihnen selbst sowie mit Wirten und Gästen, oft in gegenseitiger Abhängigkeit; das reicht vom mikrobischen Bereich bis zu größeren Tieren. Natürlich läßt sich das alles nicht „nachbauen", bis es stimmt; aber es lassen sich sehr wohl die Bedingungen schaffen, daß sich von selber herstellt, was der Mensch nie könnte. Er darf sich bloß nicht zuviel einmischen.

2. Teil

DIE THEORIE

ALLES WIRD ZERSETZT

In einem Milliliter – dem Tausendstel eines Liters – klarem Wasser leben mehrere Millionen Bakterien; es kann ein Vielfaches davon sein, wenn ein – dadurch getrübtes – Wasser mehr an Nährstoffen bietet. Ähnliche Zahlen gelten für die mikroskopischen Pilze, die das Wasser ebenso dicht beleben wie jedes Krümelchen Erde. Sie tun, was wir im (teilweise) sichtbaren Bereich vom Schimmel kennen: sie zersetzen.
Wer übrigens vor so viel ungeahntem Leben in dem Wasser, darin er eigentlich schwimmen wollte, erschrickt, sollte bedenken, daß die Flüssigkeit, die dem Auge der/des Geliebten so viel Glanz verleiht, ähnlich vielfältig bewohnt ist; von Mund und Nase ganz zu schweigen.
Bakterien sind zwar dem Menschen hauptsächlich als Krankheitserreger bekannt; und auch viele der Mikropilze, wie etwa der Mehltau oder der Rost auf Pflanzenblättern. Aber natürlich ist es nicht ihr Daseinszweck, so große Organismen wie uns, die sie gar nicht wahrnehmen können, krank zu machen. Angesichts der enormen Anzahl von Sorten dieser Kleinstlebewesen tritt ein solcher Nebeneffekt – die Erkrankung von Pflanze, Tier oder Mensch – nur bei extrem wenigen auf.
Sie alle sind Spezialisten dafür, organische oder anorganische Verbindungen „abzubauen“, also in einfachere Stoffe umzuwandeln, deren Zusammenhalt weniger Energie bindet; der dabei freigewordene Energieüberschuß ist der Treibstoff ihres Lebens. (Aus derselben freiwerdenden Energie entsteht die Hitze bei der Kompostierung.) Ebenso vielfältig ist das Spektrum der Leistungen der Pilze. Was immer reduziert werden, auf Stadien niedrigerer Energie und schließlich zum Zerfall in seine einfachsten Bestandteile gebracht werden kann, findet die entsprechenden Spezialisten, oft in Ketten eines sozusagen biochemischen Fließbands: bis der Prozeß endgültig abgeschlossen ist. Und bis der Prozeß des – sich aus seinen Grundbestandteilen aufbauenden – Lebens wieder beginnen kann.
Natürlich stehen wir damit nicht am Beginn einer oft zitierten „Nahrungskette“, sondern sind einfach an einer beliebigen Stelle in einen Kreislauf eingestiegen. Etwa an jenem Punkt, der in unserer Gesellschaft als „Recycling“ bezeichnet wird; daß dieses bei uns deutlich schlechter klappt, gehört in einen anderen Zusammenhang. Schließlich ist es uns gelungen, eine beträchtliche Anzahl von chemischen Verbindungen zu erfinden, für welche die Schöpfung – entgegen verbreiteter Ansicht doch nicht mit der Vorsehung beschäftigt – weder Pilz noch Bakterium bereithält.

DIE KLEINEN ALGEN

Im Schwimmteich hingegen stehen alle Ausgangsprodukte für weiteres Leben wieder säuberlich zur Verfügung (die Rolle des Sauerstoffs in den bisher beschriebenen Vorgängen wurde allerdings unterschlagen). Mit „säuberlich" ist auch gemeint: in klarem Wasser. Dieses ist in der Natur niemals pures H_2O, sondern eine mehr oder minder stark verdünnte Nährlösung voll einfacher Verbindungen vieler Elemente, unter denen nach Kohlenstoff vor allem Stickstoff und Phosphor die wichtigsten sind; dazu kommen einige wenige gebundene Gase wie etwa O_2 – der Sauerstoff.

Tiere können mit diesen gelösten Nährstoffen gar nichts anfangen – es sei denn, bei einem Schluck gegen den Durst bliebe dieses oder jenes Spurenelement hängen. (Das scheint den Teich fast zum Mineralwasser zu machen – auch ist er, mit stark schwankendem Pegel, kohlensäurehältig –, jedoch zur Herstellung eines Trink- statt Schwimmteichs zwingen die mitteleuropäischen Verhältnisse vorläufig noch nicht. Aber was nicht ist . . .)

Pflanzen lieben Phosphat . . .

Die Pflanzen hingegen brauchen nur solche Nährstoffe für die Photosynthese und für diese genügend Licht. Alles Weitere geht erstaunlich schnell; es ist nur noch Entfaltung. Das ist die hohe Zeit der Algen, jener winzigen einzelligen, als „böse" bezeichneten – was natürlich übertreibender Unfug war (aber in jenem anderen Zusammenhang die Unterscheidung erleichtern mochte). Tatsächlich brauchte man über Wasser in der Natur – ob Bächlein, ob Ozean – gar nicht mehr weiter nachzudenken, wenn man die Algen eliminieren wollte – was ohnehin nur eine verrückte Gedankenspielerei wäre, denn dann müßte man auch alle anderen Lebenskreisläufe im Wasser neu „erfinden".

Die Algen gehören also unabdingbar dazu; und sie stellen weder irgendwo in der Natur noch in einem Schwimmteich ein Problem dar – solange sie nicht überfüttert werden. Zwar können sich manche davon am Tag bis zu zweimal teilen, also verdoppeln, und die „langsameren" sind noch immer furchteinflößend produktiv – doch was soll die Furcht? Ob schnell oder träge: sowie der Nährstoff zur Neige geht, ist die Wachstumsrate gleich null – und basta.

Zum Schock und Horror wurden diese kleinsten aller Pflanzen erst durch den Menschen: nämlich durch seine Waschmittelindustrie. Phosphat ist für alle Pflanzen (und alle Tiere wie uns, die wir damit in jeder Muskelzelle den Sauerstoff für die nächste Anstrengung speichern) ein unverzichtbarer Stoff des Lebens, aber in der Natur so sparsam vorhanden, daß es immer wieder nur über die Zersetzungsmechanismen (Recycling) erneut zur Verfügung steht. Es ist also zugleich ein Begrenzungsfaktor für die unbeschränkte Vermehrung der Lebewesen. Erst durch das Absterben einer oder mehrerer Generationen kommt für die Nachfahren wieder genügend Phosphat in Umlauf.

Der Rest der Geschichte ist hoffentlich bald endgültig Geschichte. Wir haben in riesigen Mengen Phosphat abgebaut, in Waschmitteln verwendet und in die Natur entlassen. So schwelgten die kleinen Algen ganz unvermutet in Wohlfahrt und Überschuß, wie es unsere reichsten Nationen erst erhoffen; und noch dazu kam keine einzige Alge dabei zu kurz, was selbst die fortschrittlichsten Staaten gar nicht erträumen. Natürlich haben wir ihre – wahrhaftig überschäumende – Freude mit Neid gesehen. Das schäumte an den Stränden der Meere, das schäumte in den Flüssen und Seen, das leuchtete in allen Farben des Feuerwerks – wir ertrugen es nicht mehr. Wir verwenden heute etwas weniger Phosphat.

Im Schwimmteich, der ja keinen Zufluß aus der „freien" Natur hat, ist kaum mehr Phosphat, als beim Setzen der Wasserpflanzen – und gebunden in diesen – eingebracht wurde und daher dem Recycling durch Bakterien und Pilze unterworfen ist. Solange also niemand seine Wäsche darin wäscht . . .

. . . und Nitrat

Stickstoff allerdings brauchen die Pflanzen mindestens fünfzehnmal und manche auch hundertmal soviel wie Phosphat. Und mit Stickstoff in Form von Nitrat werden sie – wie erwähnt: global – verwöhnt: Denn eigentlich soll der Stickstoff das Ernährungsproblem der „explodierenden" Weltbevölkerung lösen. Das einzig Bestechende daran ist, daß es zur Zeit gar keine andere Möglichkeit gibt, als die zu größtem Fruchtertrag überzüchteten Pflanzen adäquat zu überdüngen. Ein Ende der weltweiten Nitratbelastung

ist nicht abzusehen. (Manche Gemüsesorten putschen sich mit so viel davon zu grüner Üppigkeit, daß der mehrmals aufeinanderfolgende „Genuß" eindeutig gesundheitsschädigend ist – Vegetarier leben heutzutage gefährlich.)
Im Armutsspezialisten Schwimmteich sollte Nitrat äußerst begrenzt bleiben. Zu einer hohen Belastung kann es – in leider allzu vielen Gegenden, wie etwa dem schon erwähnten Marchfeld – bei der ersten Füllung mit Leitungswasser kommen: Da ist erneut ein Fest für die kleinen Algen angesagt. Aber sie bleiben dabei nicht lange allein. Denn bald fangen auch die großen Unterwasserpflanzen zu wuchern an; und sie, jede einzelne aus vielen Millionen Zellen bestehend, werden rasch zur übermächtigen Konkurrenz. Innerhalb weniger Wochen kann das Nitrat im Teich fast verbraucht – die Qualität des Wassers also um ein Vielfaches besser geworden sein.
Dieser Mechanismus wiederholt sich in kleinerem Maßstab jedes Jahr im Frühling. Da im Herbst welkes Laub ins Wasser geweht wurde, dazu über Winter die meisten Pflanzen oder zumindest ihre sichtbaren Teile abgestorben sind, also viel Stoff zum Verrotten zur Verfügung stand, ist die Nährmittellösung Wasser bis zum Frühjahr wieder stärker angereichert als zu irgendeiner anderen Jahreszeit. Und wieder setzt das gleiche Spiel ein – allerdings nur beinahe.
Denn erstens kann man große Wasserpflanzen setzen, die wintergrün bleiben, selbst unterm Eis (wie der Wasserstern oder die Kanadische Wasserpest), oder sehr früh austreiben, so daß diese überlegene Konkurrenz zum Teil schon vor den Algen den Nährstoffverbrauch steigert – dann haben diese wenig oder gar keine Chance mehr. Es kommt höchstens zu einer kaum merklichen Trübung.
Und zweitens kann und soll man dem Schwimmteich Nährstoff entnehmen – wie er eben in den Pflanzen gebunden auftritt. Dazu sind die Büschel und Ballen der erwähnten großen Fadenalgen bestens geeignet – man fischt sie einfach heraus. Ebenso kann man jene wuchernden Unterwasserpflanzen (etwa Laichkräuter und Tausendblatt) nach Lust und Laune zu jeder Jahreszeit mühelos zurückschneiden; sie wachsen unbeeinträchtigt weiter. So erweist sich das – eben nur fast geschlossene – System des Schwimmteichs als überaus leicht kontrollierbar; es arm zu halten bedeutet einen äußerst geringfügigen Aufwand, der obendrein nur prinzipielles Verständnis und keinerlei spezialisiertes Fachwissen erfordert. Auch das gehört zur Eleganz des biologischen „Verfahrens".
Was so aus dem Teich herausgefischt wurde, ergibt übrigens in kürzester Zeit den hervorragendsten Kompost – falls man welchen braucht, etwa für Teerosen oder Gemüse (die meisten Wildpflanzen wären damit eher wieder unglücklich).

DAS GROSSE FRESSEN

Daß die kleinen Algen das Wasser trüben, ist nichts als eine Nebenwirkung, die ihnen – obendrein – vor allem selber schadet. Denn so gelangt immer weniger Licht selbst in geringe Tiefen, und sie berauben sich einer ihrer unverzichtbaren Lebensgrundlagen: der Sonnenenergie. Ihr Leben wird immer mehr auf die helle Oberfläche beschränkt, ihre Ausdehnung ist begrenzt. Aber so weit kommt es (im allgemeinen) gar nicht.

Mit Hilfe der Sonnenenergie produzieren die Algen vor allem zwei Dinge: sich selbst und Sauerstoff. Damit schaffen sie die Grundlagen für völlig neue Lebenszyklen: nämlich all derjenigen, die davon leben, sie zu fressen. Diese brauchen die Algen als Futter und den von ihnen ans Wasser abgegebenen Sauerstoff zum Atmen. Sowie beides auch nur einigermaßen ausreichend vorhanden ist, setzt eine ebenso hektische Entwicklung ein wie zu Beginn des Algenwachstums. Und die Vermehrungsraten sind um nichts geringer, ab nun setzt Verdoppelung um Verdoppelung ein: Immer mehr Wesen stehen bereit, um die sich ebenfalls noch vermehrenden Algen zu verzehren.

Im Mikroskop wimmelt es nun von driftenden und zuckenden Lebensformen: Rädertiere, Pantoffeltiere, Sonnentierchen, Hüpferlinge, Krebschen – wieder einmal ist die Vielfalt enorm. Am stärksten sind abermals Einzeller vertreten, daneben gibt es schon kompliziertere Formen, deren manche etwa wie durchsichtige Garnelen wirken; und am besten erforscht ist der relativ große Wasserfloh *(Daphnia)*, den man als hüpfendes Pünktchen bereits mit freiem Auge sehen kann.

Die einfachsten treiben mehr oder minder hilflos in der Strömung und filtrieren, was es in ihren Weg spült; die höher entwickelten greifen gezielt nach der bevorzugten Alge und verleiben sich diese mehr oder minder schnell ein. Während man einen ruhigen Blick über den Teich wirft, werden Millionen von Portionen verzehrt. Und recht bald kommt die logische Folge: Es gibt mehr Tierchen als Algen, denn diese werden schneller konsumiert, als sie sich vermehren können; und schließlich gibt es fast gar keine mehr.

Damit ist das völlige „Klarwasserstadium" erreicht: ein Höhepunkt, der allerorts in der Natur – ein bißchen von der Wetterlage beeinflußt – von Mitte Mai bis in die ersten Juniwochen reicht. Und ebenso in jedem Schwimmteich und Biotop. Überall ist das Wasser über mehrere Meter Tiefe völlig durchsichtig (den Kristallen, die für den Vergleich gern herangezogen werden, an Klarheit weit überlegen). Rein optisch ist der Badereiz jetzt am größten; und in der freien Natur wird diesem folgen, wer gegen kühles Wasser relativ unempfindlich ist. Im Teich hingegen kann es, aufgrund der schwarzen Folie in der Schwimmzone, bereits zu einer so raschen Erwärmung gekommen sein, daß auch Empfindlichere ein höchst wohliges Bad genießen können. (Wir haben sogar ein Aprilende mit erheblich über zwanzig Grad im Wasser erlebt.)

Doch wie geht die Geschichte mit dem „Plankton" weiter – denn darum handelt es sich bei allem bisher beschriebenen Leben pflanzlicher und tierischer Art?

Die Tierchen haben den Höhepunkt ihrer Bevölkerungsexplosion erst nach jenem der Algen erreicht, finden bei deren abnehmender Zahl immer weniger Nahrung – und erleiden nun ihrerseits starke Einbußen: zuerst der Vermehrungsrate, dann der Gesamtzahl. Und schließlich sind so wenige übrig, daß die Algen – irgendwo sind ständig welche vorhanden, zumindest als Sporen – ihrerseits nun wieder eine Chance haben, den Zyklus neu zu beginnen. Freilich diesmal dichter von den Fressern gefolgt: Und so fallen die – leicht gegeneinander verschobenen – Wellen der Höchst- und Tiefstpunkte der jeweiligen Populationen immer flacher aus. Im restlichen Jahr wird weder eine gänzliche Trübung noch ein völliges „Klarwasserstadium" erreicht; dafür sollte jedoch ein relativ klares Wasser ziemlich stabil bleiben.

ATMEN IM WASSER

Diese – vorläufig einmal theoretisch erreichte – Stabilität der Wasserqualität scheint jedoch der Erfahrung zu widersprechen, daß manche Teiche gerade im Hochsommer recht unansehnlich werden.
Dafür läßt sich unter anderem ein Grund anführen, der sich allerdings kaum sonderlich auswirkt (zur Hauptursache kommen wir später): Es gibt Algen, deren Zellen für die winzigen Filtrierer, oft auch für robustere Kleinstlebewesen, einfach zu groß und fest sind. Sie bleiben verschont, also auch in ihrer Vermehrungsrate nicht beeinträchtigt – und stellen dann im Sommer, obwohl es an sich sehr wenige Sorten davon gibt, oft die hauptsächlich verbliebenen dar. Das reicht im allgemeinen aber nicht einmal für die Sichtbarkeit ihrer Anwesenheit – zumindest freien Auges.
Doch Algen produzieren, wie gesagt, nicht nur sich selbst, sondern auch Sauerstoff. Und alle fressenden Lebewesen – die Tiere, ob sie nun Vegetarier sind oder solche verspeisen – brauchen natürlich Sauerstoff. Dieses Thema wurde übrigens bei den Bakterien unterschlagen: Auch die meisten von ihnen sind „aerob", also zu ihrer Tätigkeit nur bei gleichzeitiger Sauerstoffaufnahme imstande. Wieviel an Recycling sie also zustande bringen, hängt nicht nur von den gelieferten „Abfällen", sondern im selben Maß vom vorhandenen Sauerstoff ab.

Wie kommt der Sauerstoff ins Wasser?

Viererlei Arten sind bekannt: erstens natürlich durch die Photosynthese der Pflanzen. Da sieht man überall, wo ein dichter, grüner Polster überm Grund sitzt, feine „Luft"-Bläschen an den Blättern haften und dann an die Oberfläche aufsteigen. Wenn man sacht mit der Hand hindurchfährt, lösen sich alle Bläschen gleichzeitig, und es perlt wie in einem Glas Champagner. Auf dem Weg durchs Wasser nach oben wird Sauerstoff an dieses abgegeben.
Die Aufnahme von Sauerstoff an der Wasseroberfläche ist der zweite Weg: diesmal von oben nach unten. Bei Windstille und völlig glatter Oberfläche ist sie selbstverständlich geringer, als wenn Wellen die Gesamtoberfläche nicht nur vergrößern, sondern infolge der Vermischung auch ständig neues Wasser nach oben bringen, während das angereicherte in untere Schichten gespült wird. Nach einigen windigen Tagen kann man bei kleineren Gewässern oft eine deutliche Verbesserung der Klarsicht durchs Wasser sehen; wozu natürlich noch kommt, daß alles, was sich an Samen, Blütenstaub oder Blättern an der Oberfläche angesammelt hatte, nun am Ufer deponiert wurde. Was sich allerdings – physikalisch-chemisch: im Molekularbereich und darunter – an der Grenze zwischen Luft und Wasser genau abspielt, ist noch nicht hinreichend aufgeklärt.
Beide natürlichen Methoden werden auch zur künstlichen Anreicherung mit Sauerstoff verwendet: Man sprudelt entweder von oben Sauerstoff ein oder leitet ihn in die tiefste Schicht und läßt ihn aufsteigen. Auch die dritte Art ist imitierbar: nämlich Wasser mit hohem Sauerstoffgehalt zuzuleiten. Dies geschieht in der Natur, wenn ein – etwa über viele Steine und Felsstufen plätschernder – Bach in einen stillen See fließt; oder gar ein Wasserfall hineinstürzt. Mit Sprudelsteinen und kleinen Wasserläufen wird dies für manche angelegten Teiche nachgeahmt – der Wirkungsgrad bleibt allerdings noch zu besprechen.
Die vierte Art ist zwar bekannt, aber sehr viel weiß man nicht darüber. Manche Arten von Schilf und Binsen sowie der Große Wasserschwaden (aber vielleicht auch noch andere Wasserpflanzen) leiten Luft in ihre Wurzeln und geben Sauerstoff an den Boden ab. Der Vorteil für die Pflanzen liegt auf der Hand: Sie liefern den „aeroben" Bakterien die nötige Energie, sich kräftigst zu vermehren und besonders viele Abbauprodukte – also Nährstoffe – genau dort zur Verfügung zu stellen, wo sie benötigt werden: rund um die Wurzeln. Das macht es aus, daß solche Pflanzen bevorzugt für natürliche Kläranlagen verwendet werden: Sie beschleunigen in der sich ablagernden Schlammschicht den bakteriellen Stoffwechsel so stark, daß besonders viel „Abfall" in wuchernden Großpflanzen gebunden wird. Das ist sicher wichtiger als die Frage, wieviel Sauerstoff dabei noch zusätzlich ans Wasser abgegeben wird; es kann in kleineren Gewässern mit viel Schilf gewiß eine Rolle spielen, ist aber vorläufig gänzlich unerforscht. (Sämtliche Messungen zur Klärleistung stammen aus sorgfältig kontrollierten Großversuchen; biologische Untersuchungen in verschiedenen Mikrobereichen fehlen nahezu völlig.)
Auf welche Art immer der Sauerstoff ins Wasser geraten ist: er steuert alle bakteriellen und tierischen Lebenszyklen und wird dabei verbraucht. Daher muß er

regelmäßig ergänzt werden. Das scheint kein sonderliches Problem zu sein – und ist es auch nicht, wenn die Bepflanzung in der entsprechenden Dichte und Variation erfolgt ist, was die einfachste und wirksamste Methode bleibt. Die meisten Funktionsstörungen eines Teiches entstehen einfach durch Mangel an Unterwasserpflanzen – wovon ohnehin noch die Rede sein wird.

Wenn das Wasser sich trübt

Was aber wirklich passiert, wenn es im Hochsommer zu einer starken Trübung kommt, hat noch andere Gründe. Die Fähigkeit des Wassers, Sauerstoff gebunden zu halten, ändert sich mit der Wassertemperatur. Wasser um die dreißig Grad enthält nur noch halb soviel Sauerstoff wie bei null Grad. Für die Lebewesen im Wasser ist diese Abnahme durchaus dramatisch: Forellen etwa haben einen so hohen Sauerstoffbedarf, daß sie ersticken, wenn die Wassertemperatur über 23 Grad steigt. Und insgesamt ist klar, daß die Abnahme der Sauerstoffmenge die Aktivität und bald auch Anzahl des tierischen Lebens im Teich beschränkt. Mit anderen Worten: das tierische Plankton im Wasser kann sich nicht mehr vermehren, das pflanzliche sehr wohl – die kleinen Algen. Allerdings fühlen sich auch von diesen bei höheren Wassertemperaturen nicht alle wohl; ebensowenig die Fadenalgen (auch „Algenwatte", hauptsächlich *Zygnemales* und *Cladophorales*), die bei rund 25 Grad sogar anfangen, sich aufzulösen. Da steigen sie dann schaumig an die Oberfläche, was keineswegs sehr schön aussieht – so harmlos es auch ist und nichts mit der gefürchteten „Algenblüte" zu tun hat. Aber die Aktivitäten, solche Zerfallsprodukte weiter abzubauen, haben nun stark abgenommen; es bleibt nichts anderes übrig, als mit einem langstieligen Kescher für die Sauberkeit an der Wasseroberfläche zu sorgen.
Wer nun meint, daß es höchste Zeit wäre, den Quellstein auf stärkeres Plätschern einzustellen, vielleicht ein Wasserfällchen einzurichten oder eben mit mechanischen Mitteln mehr Sauerstoff ins Wasser zu sprudeln – versucht nicht mehr und nicht weniger als einen donquijotesken Kampf gegen die Naturgesetze. Was immer man auf diese Weise anstellt, ist sinnlos. Denn wieviel Sauerstoff das Wasser bindet, hängt ausschließlich von der Temperatur ab – jeder hineingesprudelte Überschuß entweicht als Gas. (Wo man solche Verfahren in großem Stil angewendet hat, war das zu lösende Problem stets, daß sich das Wasser weit unter seinem temperaturabhängigen Sättigungsgrad an Sauerstoff befand – etwa weil man vorher, wie in der Alten Donau bei Wien den Badenden zuliebe, alle Unterwasserpflanzen herausgebaggert hatte.)
Wenn man also auf diese Weise nicht regulierend eingreifen kann – was bleibt?
Erstens gibt es eine entscheidende vorbeugende Maßnahme, nämlich den Teich zu beschatten. Das kann bis zu einem Drittel seiner Oberfläche geschehen. Ein, zwei größere Bäume müßten dazu ausreichen, wenn möglich nicht in jener Richtung stehend, aus der am häufigsten Wind kommt – da dann im Herbst auch alles Laub im Teich landet. Doch das kann man sich natürlich nicht immer so aussuchen. Wenn der Teich zur Gänze besonnt ist – und die meisten Wasserpflanzen brauchen viel Sonne –, dann muß man eben mehr Pflanzen mit Schwimmblättern setzen. Unter diesen bleibt das Wasser auch bei ganztägigem Sonnenschein stets beschattet und damit kühler; und bekanntlich haben unter den heimischen Wasserpflanzen ausgerechnet die Seerosen die größten und meisten Schwimmblätter, so daß diese Lösung geradezu als Vorwand erscheint, der reinen Ästhetik zu frönen.
Und zweitens: Wer im Spätfrühling ein „Klarwasserstadium" in seinem Teich hatte, weiß auch ohne jede Messung, daß die Menge der Unterwasserpflanzen ausreichte, den damals *höheren* – wegen der niedrigeren Temperatur – Sättigungsgrad des Wassers an Sauerstoff zu erzielen. Bis zum Hochsommer sind diese Pflanzen nur mächtiger geworden, zudem fällt jetzt noch mehr Licht ein: Also kann sich an dieser befriedigenden Ausgangslage, nämlich der hinreichenden Sauerstoffproduktion, gar nichts geändert haben. Um so leichter müssen sie jetzt genug Sauerstoff für eine eben niedrigere gelöste Menge im Wasser produzieren können. Das ist nichts als logisch.
Und falls dennoch ein Problem auftritt, ergibt sich seine Bewältigung geradezu von selber. Zu einer Erwärmung auf über 25 Grad Wassertemperatur kommt es nur während einiger recht heißer Sommertage; bei einer regelrechten Hitzeperiode könnten es allerdings noch mehr werden. Dabei verdunstet so viel Wasser, daß Sie regelmäßig nachfüllen können – je heißer es ist, um so mehr. Und da das nachgefüllte Wasser, sei es aus der Leitung oder dem Brunnen, erheblich kälter ist, senken Sie damit automatisch die Temperatur: bei genügend Pflanzen steigt der Sauerstoffgehalt sofort wieder.
Zur Praxis ist noch zu sagen: Sie sehen es Ihrem Teich ohnehin an, ob er vielleicht 26 oder auch einmal 28 Grad „verträgt"; an sich gilt, daß man ab 25 Grad vorsichtig oder zumindest aufmerksam sein sollte. Und: tägliches Nachfüllen in kleineren Mengen ist

besser, als die Temperatur mit einem Mal um mehrere Grade abzusenken – das gäbe für viele der winzigen Lebewesen darin einen unheilsamen Schock. Sollten Sie während der Hitzeperiode gerade auf Urlaub gewesen sein und danach eine recht warme Brühe mit einem vielleicht um 20 oder 30 cm gesenkten Wasserspiegel vorfinden, so ist noch immer kein großes Unglück geschehen. Natürlich dürfen Sie jetzt erst recht nicht das gesamte fehlende Wasser durch sehr viel kälteres ersetzen, sondern müssen sich – portionsweise – damit Zeit lassen; doch dann geht die Regeneration des Teiches wieder sehr schnell.
Jedenfalls sehen Sie: So komplex und vernetzt die Verhältnisse in einem Teich auch sind – für den Umgang mit einem der schwierigsten Probleme, dem Sauerstoff im Wasser, braucht es nicht mehr als offene Augen und ein Thermometer.

Intermezzo Kleiner Exkurs über Fische

Jetzt ist der allgemeine Wissensstand schon fortgeschritten genug, um verständlich festzustellen: Für den Schwimmteich sind Fische leider zu gar nichts gut – und obendrein nichts als schädlich.
Als Kiemenatmer wären sie die größten Sauerstoffzehrer im Wasser – und das ist wirklich nicht wünschenswert. Dennoch: wenn es wenige kleine sind ... Doch auch die kleinen können sich stark vermehren.
Und der Aquariumbesitzer weiß, was die kleinen Fischchen am liebsten fressen: etwa Wasserflöhe – welche die wahre Freude des Schwimmteichbesitzers sind, da sie die Algen so gründlich dezimieren.
Nun gibt es natürlich auch Pflanzenfresser unter den Fischen – aber die Pflanzen sind hochwillkommene Sauerstoffspender und damit ebenfalls die Freude des etc.
Kurzum: die Fische können gar nicht anders, als Falsches zu verzehren – nämlich für den Teich Nützliches. Und das verwandeln sie in etwas Belastendes, nämlich Exkremente – puren Dünger.
Und je größer die Fische werden, um so schlimmer wird das.
Auch wissen wir etwa von wunderschönen Kois, die sich ihre Zeit damit vertreiben, so lange Wurzeln auszugraben, bis selbst große Seerosenrhizome mit einem Mal an der Oberfläche des Wassers treiben – von den ständig aufgewirbelten Schlammwolken ganz zu schweigen.
Ein für fünfzig Anlieger hergestellter Badesee wurde durch Fischbesatz in zwei Jahren von der Wasserqualität zwei – knapp unter Trinkwasser – zu Wasserqualität vier – zum Schwimmen nicht mehr geeignet – gebracht; die einzige Lösung: sämtliche Fische entfernen und den See neu bepflanzen.
(Auch in der Natur gibt es Gewässer, die durch Fische mehr oder minder stark belastet sind. Meistens steckt der Mensch dahinter: etwa in Gebirgsseen, die an sich klar sein sollten, wo aber schon vor Jahrhunderten Fische ausgesetzt wurden, die seither das Gleichgewicht beeinträchtigen.)
Kurzum: ein Fischteich ist kein Schwimmteich, und ein Schwimmteich kein Fischteich. Punktum und basta.

DIE WASSERPFLANZEN: UNSERE EINFLUSSNAHME

Welches Thema man auch gerade näher in Betracht zieht, die kleinen Algen oder ihre zahlreichen Freßfeinde, die Bakterien oder den Sauerstoff: jedes scheint das Um und Auf des Teichs zu bilden, die eigentliche Grundlage fürs notwendige Verständnis. Wenn das nun bei der Besprechung der Wasserpflanzen noch mehr der Fall zu sein scheint, zeigt dies jedoch und vor allem, daß und wie überhaupt alles miteinander zusammenhängt: Jede Bedingung reguliert mehrere andere. Und kein Element dieser kreuz und quer laufenden Verkettungen ließe sich ausschließen.

Bei den Wasserpflanzen kommt allerdings noch etwas ganz Entscheidendes hinzu: Während sämtliche bisher beschriebenen Prozesse von alleine ablaufen sollten, damit alles seinen richtigen Weg geht, müssen wir die Pflanzen, sehr im Gegensatz etwa zu den Wasserflöhen, selber aussuchen und setzen. Das macht nicht *sie* in der Vernetzung aller Bedingungen wichtiger, aber *uns*. Und damit auch unsere Kenntnis davon, was diese Pflanzen können und bewirken.

Diese Situation erinnert ein wenig an die Heilkräuter und die richtige Mischung der wirksamen Tees, noch dazu mit einer weiteren Ähnlichkeit: Es gibt erheblich mehr Erfahrungswissen als abgesicherte Einzeluntersuchungen. Das klingt nun schon sehr nach der üblichen Mahnung: Der Laie solle davon seine Finger lassen! Dieser Rat mag beim Kräutersammeln zumindest kolikverhindernd sein – beim Schwimmteich hingegen wird das Ergebnis überzeugend einfacher: Man staune vor der Vielfalt der Wasserpflanzen und ihrer Eigenschaften – und verwende sie auch! Also wieder einmal: Vielfalt statt Einfalt.

Wir haben bisher schon einige Leistungen von den Wasserpflanzen gefordert: etwa daß sie im zeitigen Frühjahr bereits vor den (kleinen) Algen mit ihrem Wachstum einsetzen – also daß sie dem Wasser Nährstoff entziehen und dieses dafür mit Sauerstoff anreichern, so daß sich die kleinen Algenfresser gleichzeitig mit ihrem Futter entwickeln, anstatt erst nachher. Das ist nur eine Frage der richtigen Auswahl – und doch recht wichtig. Fast alle Wasserpflanzen tun im Winter dasselbe wie ihre Verwandten an Land: sie „ziehen ein“, das heißt: der sichtbare Teil der Pflanze verrottet, ihr Leben findet nur noch im Wurzelstock, in der Knolle, im Rhizom statt (sieht man von den einjährigen sowie den holzigen Pflanzen ab) – und erst im Frühling treiben sie wieder aus. Das geschieht bei manchen verteufelt spät – nach dem hübschen Pfeilkraut etwa möchte man am liebsten jedes Jahr eine Vermißtenanzeige aufgeben, ehe es sich dann irgendwann gegen Ende Mai doch bequemt, erste Spitzlein zu zeigen. Fast ebenso saumselig sind noch genügend andere. Hätte man nun ausschließlich solche Zuspätkommer im Teich, fänden diese eine reichlich düstere Situation vor: nämlich zu wenig Licht unter unendlich vielen Algen – die noch dazu bis dahin die einzigen Sauerstofflieferanten gewesen wären. Daß ein solcher – hoffentlich nur hypothetischer – Teich sich im Laufe des Jahres von der schweren Anfangsbelastung so erholen würde, daß man gerne darin schwimmen möchte, erscheint eher zweifelhaft. (Leichter vorstellbar ist, daß all jene Pflanzen, die nicht schnell genug ans Licht emporkommen, dieser Benachteiligung durch die „stärkere“ Konkurrenz erliegen.)

Dieses Beispiel zeigt aber auch, wie leicht ein solcher „Fehlstart“ des Teichs vermeidbar ist: Jede Pflanzenliste und -beschreibung gibt die nötigen Auskünfte – natürlich auch in diesem Buch. Man muß nur wissen, was man braucht (worauf wir noch genügend hinweisen werden).

Gesagt wurde aber auch: Die Pflanzen sollten den Algen vor allem den im Wasser gelösten Nährstoff wegnehmen. Na, wie denn – da doch gewissermaßen jedes Kind weiß, daß Nährstoffe über die Wurzeln aus dem Erdreich aufgenommen werden?

Frei schwimmende Wasserpflanzen

Die fürs erste überzeugendste Anwort wäre ein Hinweis auf die frei schwimmenden Wasserpflanzen: Sie treiben an der Oberfläche oder knapp darunter, ihre Wurzeln hängen ins Wasser und verankern sich nur gelegentlich im Boden, ohne daß dies für ihre Ernährung notwendig wäre. Sie nehmen den Nährstoff also vor allem aus dem Wasser auf. Es handelt sich dabei um besonders reizvolle Pflanzen, die in einem Teich natürlich nicht fehlen sollten, und obwohl heimisch (selten bis aussterbend), wirken einige von ihnen sehr exotisch: etwa die Wassernuß, die Krebsschere, der Froschbiß, aber selbst noch das Hornkraut und

Gegenüberliegende Seite: Wasserlinsen

die Wasserlinsen. Mit Ausnahme der letzteren, die es – fast absurderweise: in einem insgesamt warmen Klima – recht kühl lieben, brauchen aber alle ziemlich lange, um sich von ihren verschiedenen Überwinterungsformen am Grund des Teichs zu größeren Pflanzen zu entwickeln, die dann an die Oberfläche aufsteigen. Und bis sie dort eintreffen, wären sie – als Konkurrenz für die Algen – längst zu spät dran; etwa gemeinsam mit dem Pfeilkraut.
Wie gesagt: mit Ausnahme der Wasserlinsen (ohne hier auf die verschiedenen Arten einzugehen). Wasserlinsen sind mehrere Millimeter große, frei schwimmende Blättchen in leuchtendem Grün; und in manchen kleineren Gewässern, wenn diese gänzlich beschattet und windgeschützt sind, bedecken sie in gleichmäßiger Dichte die gesamte Oberfläche. Bei diesem gehäuften Auftreten bezeichnet man sie auch als „Entengrütze", und tatsächlich fehlt es fast nie an Wildenten, die einen Schnabelvoll nach dem anderen nehmen. (Obwohl sie den Froschbiß lieber hätten: Wer in seinem Schwimmteich nach einem Entenbesuch noch ein einziges Exemplar des Froschbisses findet, kann daraus auf die fast völlige Erblindung des armen Tiers schließen.) Die meisten Linsen sind auch nicht vom Aussterben bedroht: Da sie sogar auf Jauche gedeihen (was wir sehr erfolgreich versucht haben), ist es eher verwunderlich, daß die Botaniker gerade heute eine Abnahme der Vorkommen in der Natur konstatieren.
Doch darum geht es hier gar nicht: Diese frei schwimmenden Blättchen, die sich durch Teilung ständig vermehren (obwohl sie zu den – kleinsten – Blütenpflanzen gehören: sie blühen halt fast nie), haben frei ins Wasser herabhängende Würzelchen. Damit also, würde man meinen, zehren sie unermüdlich Nährstoff aus dem Wasser oder der Gülle, um sich in einem fort zu teilen. Doch das stimmt nun gar nicht: Sie tun dies mit ihrer gesamten Blattunterseite und brauchen ihre Würzelchen nur als Gewichte oder Stabilisatoren, um nicht – etwa von einer Welle – umgedreht zu werden.

Unterwasserpflanzen

Es scheint bei den Wasserpflanzen mehreres anders zu funktionieren als bei den Landpflanzen. Ihre Wurzeln sind meist nicht mehr so stark auf Nährstoffaufnahme spezialisiert – und natürlich schon gar nicht auf Wasseraufnahme, wie es für die Trockenbewohner notwendig ist. Letztere bilden bei der Ausbreitung ihres Wurzelsystems ununterbrochen Wurzelhärchen, die dann – nach wenigen Tagen – wieder absterben und dicht daneben durch neue ersetzt werden, um das Erdreich optimal für den Feuchtigkeits- und Nährstoffgewinn auszunützen. Den Wasserbewohnern – und vor allem den reinen Unterwasserpflanzen – ist dies eher egal. Ihre Wurzeln bilden häufig gar keine Härchen aus, und meistens sind sogar die Leitgefäße der Wurzeln – ein Teil des inneren Transportsystems der Pflanze – stark reduziert. Die übliche Arbeitsteilung – Photosynthese in den Blättern, Nährstoffaufnahme, Wasserversorgung und Druckausgleich über die Wurzeln – gilt unter Wasser selten. Stamm und Blätter leisten mehr, die Wurzeln weniger.
Es hat sich bei uns, für rein untergetaucht lebende Pflanzen, sogar der Brauch eingebürgert (allerdings nicht bei Botanikern), von reinen „Haftwurzeln" zu sprechen. Als solche gelten im oberirdischen Bereich etwa die Füßchen des Efeus, mit denen er sich an Bäume oder Gemäuer klammert; sonst haben sie keinerlei Funktion. Diese Wortverwendung bei Wasserpflanzen ergab sich aus der Beobachtung, daß manche Laichkräuter, das Tausendblatt oder die Kanadische Wasserpest sehr gut weitergedeihen, wenn man die Wurzel nur mit einem Stein am Grund beschwert (sonst würde sie aufschwimmen), ohne sie mit Substrat zu umgeben. Und selbst in der Schwimmzone des Teichs, also auf der Folie, wenn diese etwa zwei bis drei Jahre nicht gereinigt wurde und sich Ablagerungen von nur zwei Millimeter gebildet haben, können zwei Meter hohe und durchaus üppige Pflanzen von Tausendblatt, Laichkraut und Konsorten wachsen. Das legte also seinerzeit den Schluß nahe, von reinen „Haftwurzeln" zu sprechen.
Tatsächlich aber handelt es sich bei diesen „Wurzeln" um kräftige Sproßachsen, die ziemlich lang werden können – und aus denen eben Sproß um Sproß entspringt, in kleinen oder größeren Abständen. Und sollte die Pflanze über Winter gänzlich einziehen, ist hier alle Stärke (hauptsächlich im Sinn des zuckerverwandten Produkts) für den erneuten Austrieb im Frühling gespeichert. Wie viele und welche Nährstoffe diese Wurzeln allerdings aufnehmen, welche anderen Stoffe sie, wie auch die Pflanzen am Land, dabei ausscheiden, wie diese wiederum auf die nähere Umgebung einwirken, ist vorläufig noch kaum untersucht (ein Studienprojekt dieser Art läuft eben erst am Botanischen Institut der Universität Leipzig an). Immerhin ist auffällig, daß rund um solche Wurzeln, die offensichtlich nicht viel zur Ernährung der Pflanze beitragen, eine gewissermaßen punktuelle Bildung von Faulschlamm gefördert wird.
In diesem wirken Bakterien, die ihre Energie nicht durch Sauerstoff, sondern durch Gärung oder „Verat-

mung“ von schwefel- oder stickstoffhaltigen Substanzen gewinnen; man riecht es, wobei der Vergleich mit faulen Eiern der wohlerzogenste bleibt; der Schlamm ist tintig schwarz. In Biotop-Handbüchern gibt es dazu sofortiges Alarmgeschrei. Tatsächlich ist ein solches nur angebracht, wenn das „Substrat“ – die Erdmischung – des ganzes Teiches davon betroffen ist. Welche Pflanzen den Faulschlamm (nur) rund um ihr Wurzelgebiet durch entsprechende Ausscheidungen herstellen und dann natürlich davon profitieren, ist eben noch zu wenig bekannt – und sollte in dieser beschränkten Form durchaus der Vielfalt des Biotops zugerechnet werden. (Im übrigen sieht und riecht man nichts davon, solang man nicht in die sauerstofffreie – untere – Zone des Schlamms hineingräbt.) Daß selbst viele Rhizome prächtigst gedeihender und blühender Seerosen in ihrem unmittelbaren Wurzelbereich eher häufig Faulschlamm aufweisen, sollte diesbezügliche Hysterien weiter beruhigen. Auch diese „anaeroben“ Bakterien lösen komplizierte – zumeist organische – Stoffe in einfachere Verbindungen auf und sind, im so vielfältigen Gefüge selbst eines kleineren Teiches, offensichtlich unverzichtbar.

Photosynthese unter Wasser

Doch was man zur Wurzeltätigkeit der Wasserpflanzen auch noch herausfinden mag: einen Teil von deren Aufgaben haben die (immer untergetaucht lebenden) Stengel und Blätter übernommen. Natürlich bleibt auch unter Wasser ihre Haupttätigkeit die Photosynthese, wobei es trotz der – durch Reflexion und Streuung – geringeren Lichtmenge zu einer durchschnittlich doppelten Ausnützung derselben kommt als bei Landpflanzen. Das ist recht erstaunlich und hat mehrere Gründe: Einer davon ist, daß sie durch den Auftrieb vom Wasser getragen werden, daher viel weniger Stützgewebe und vor allem kaum eine schützende Haut brauchen. Also können auf den Blättern und selbst auf den Stengeln die chlorophyllerzeugenden Zellen oft direkt an der Oberfläche oder zumindest viel näher an dieser liegen, als dies bei Landpflanzen der Fall ist – und daher mehr Licht empfangen. Auch die oft sehr starke Zerfiederung der geschlitzten, fädigen Blätter (etwa beim Wasserhahnenfuß oder der Wasserfeder etc.) spielt eine beträchtliche Rolle, da die tiefer liegenden Blätter weniger stark beschattet werden, zugleich aber die aufnehmende Gesamtoberfläche vergrößert ist.
Genauso wichtig ist jedoch auch, daß ein Ausgangsprodukt für die Photosynthese – nämlich Wasser – immer in genügender Menge vorhanden ist; und daß vom zweiten – Kohlendioxyd (CO_2) – in einem Kubikmeter Wasser (von 20 Grad) genausoviel vorhanden ist wie in einem Kubikmeter Luft, nämlich 0,3 cm^3. Die Photosynthese selbst geschieht in einer Vielzahl recht komplizierter Zwischenschritte, die noch immer nicht alle durchschaut sind: Als vereinfachte Zusammenfassung jedoch ist sie recht übersichtlich. Sechs Moleküle Kohlendioxyd und zwölf Moleküle Wasser bauen sich zu einem Zuckermolekül zusammen, wobei am Schluß wiederum sechs Moleküle Wasser und ebenso viele Sauerstoffmoleküle abgegeben werden. Das ist ein Prozeß, bei dem viel Energie verbraucht und im Zuckermolekül gebunden wird: Diese benötigte Energie kommt aus den Sonnenstrahlen – den Photonen des Lichts.
Doch außer dem „normalen“ CO_2, das am Land – etwa in einem Wald – oft sehr rasch verbraucht ist (allerdings von den Bodenbakterien schnell nachgeliefert wird), stehen den Pflanzen im Wasser meist noch gewaltige Mengen an Kohlendioxyd zur Verfügung, das in löslichen Bikarbonaten gebunden ist, am häufigsten auf einer Kalziumbasis – also Kalk. Wie gewaltig viel sie auch von diesen Bikarbonaten verarbeiten, sieht man auf der Blattunterseite vieler Laichkräuter und anderer untergetauchter Pflanzen: Sie sind oft dick mit Kalk verkrustet. Somit sind sie deutlich besser versorgt als die Landpflanzen (und machen zugleich das Wasser „weicher“; durch regelmäßigen Rückschnitt dieser Pflanzen läßt sich der Kalkgehalt eines kleineren Teichs auch etwas reduzieren).

Nährstoffkonkurrenten

Diese Unterwasserblätter können aber noch mehr. Nämlich direkt an ihrer Oberfläche die im Wasser gelösten Nährstoffe aufnehmen – wobei die verschiedenen Membrandurchgänge relativ einfach funktionieren. Daneben haben jedoch Wasserpflanzen auch drüsenartige Zellen entwickelt, die als sogenannte „Ionenfänger“ wirken und eine hohe Spezialisierung darstellen, Mineralnährstoffe des Wassers an sich zu binden.
Erst diese Fähigkeit macht sie zu – weit überlegenen – Konkurrenten der kleinen Algen; diese sind dem so raschen und hohen Nährstoffverbrauch in ihrer Nähe nicht gewachsen. Anders gesagt: die meisten Algen gelten als „Anzeiger“ für eine schlechte, also zu nährstoffreiche Wasserqualität. Eine solche jedoch wird im Schwimmteich das ganze Jahr über vermieden, wenn genügend Unterwasserpflanzen vorhanden sind.

Hier sind wir bei einem wirklichen „Um und Auf" des Teichs – beziehungsweise bei der häufigsten Unterlassung, die dann für die mangelhafte Wasserqualität verantwortlich ist. Zugegeben: diese großen Pflanzen mit ihren meist kleinen und unscheinbaren Blüten – der Wasserhahnenfuß ist hier eine eher entzückende Ausnahme – gelten wenigen als reizvoll. Und an Badestränden sind sie verhaßt, weil niemand durch dieses aus dem Dunkeln heraufwuchernde Gestrüpp schwimmen will; geradezu Angst vor ihnen drückt sich in dem populären Namen „Schlingpflanzen" aus, was natürlich ein völliger Unfug ist, der nur noch durch die andere volkstümliche Bezeichnung – nämlich ausgerechnet „Algen" für die größten Algenkonkurrenten – übertroffen wird. (Daß sie dann herausgebaggert werden, damit man durch „sauberes" Wasser schwimmen kann, krönt die Mißverständnisse – siehe weiter oben.)
Im Schwimmteich bleiben sie natürlich auf die Pflanzenzone beschränkt: Und dort entwickelt dieser Ausdruck grüner Üppigkeit durchaus seinen eigenen Reiz – noch dazu, da in derselben Tiefenzone auch Seerosen, Teichrosen und andere Schwimmblattpflanzen gesetzt werden können. Jedenfalls: wer an den Unterwasserpflanzen – die im Handel noch dazu am billigsten sind – spart, riskiert das gesamte Wohlbefinden im Teich. Eine Pflanzenauswahl nach *ausschließlich* ästhetischen Gesichtspunkten und persönlichen Vorlieben – etwa ein reiner Seerosenteich, wie er manchmal gewünscht wird – kann gar nicht funktionieren; für den durchgehend starken Nährstoffentzug und eine ebenso dauerhafte Sauerstoffproduktion in großen Mengen können nur die Unterwasserpflanzen sorgen.
Und noch einmal soll nicht verschwiegen werden, daß die großen Algenwatten oder Fadenalgen – vor allem im kühleren Wasser des Frühlings – durchaus ähnliches leisten. Dabei mag es lästig werden, daß sie gar nicht selten mit den Unterwasserpflanzen geradezu verfilzen, so daß sie auch nicht mehr leicht abfischbar sind. Der Grund dafür ist einfach: Bei so großen Pflanzen fallen auch am meisten verrottende Pflanzenteile an; da dort gleichzeitig ein Zentrum der Sauerstoffproduktion ist, geschieht die Umwandlung in gelöste Nährstoffe am schnellsten. Und diese mit beachtlicher Geschwindigkeit wieder zu binden, ist eben die Spezialität der Fadenalgen – die dabei nochmals Sauerstoff erzeugen. Das Verständnis, daß diese Leistungen ganz und gar im Sinne des Teichbesitzers erbracht werden, mag diesen über den optischen Eindruck von – immerhin „natürlicher" – Unordnung hinwegtrösten.
Doch beschränkt sich die Nützlichkeit von Wasserpflanzen nicht nur auf die gänzlich untergetaucht lebenden. Von den frei schwimmenden Pflanzen war schon die Rede; nun mag auch klar sein, daß sich etwa die Wasserlinsen in einem nährstoffarmen und weitgehend besonnten Schwimmteich nie zur „Entengrütze" vermehren, sondern im Sommer eher verschwinden werden; einzelne winzige Exemplare mag man etwa im Frühjahr oder Herbst sichten, wenn ihnen wenigstens die kühlere Temperatur zusagt.
Für den Teichbesitzer sehr interessant ist hingegen das Hornblatt: eine völlig wurzellose Pflanze, deren nadelartige Blätter dicht („wirtelig") um den weichen Stiel angeordnet sind. Dieses fast schlangenartig wirkende Gebilde, das an der Oberfläche oder knapp darunter dahintreibt, kann gut einen Meter lang werden; den ästhetischen Reiz werden die meisten auch in diesem Fall als recht gering empfinden. Das Hornblatt ist eine der wenigen Wasserpflanzen, deren Bestände in der Natur eindeutig zunehmen; flache und warme Tümpel, aber auch Augewässer sind davon heute oft zugewuchert. Es ist ein Spezialist dafür, sich überfüttern zu lassen.
Wenn man nun einige solche „Schlangen" in den Schwimmteich wirft, wird sich dessen Zustand schnell erweisen: Bei entsprechender Nährstoffknappheit wird sich das Hornblatt nicht vermehren, sondern eher in kleinere Teile zerfallen und irgendwann verschwinden. Doch was immer davon überlebt – und seien es sogenannte „Winterknospen" am Teichgrund –, wird sofort wieder ins Kraut schießen, wenn sich ein Nährstoffüberschuß einstellt. Damit hat man einen gewissermaßen optischen Nährstoffanzeiger von großer Verläßlichkeit – aber nicht nur. Wenn es einen „mißlungenen" Teich zu sanieren gilt, ist es eine elegante Methode, größere Mengen von Hornblatt ins Wasser zu kippen und wuchern zu lassen; durch Abfischen im Herbst, bevor sich die Pflanzen auflösen (und damit den Nährstoff wieder ans Wasser „zurückgeben"), hat man immerhin erhebliche Mengen von „Biomasse" entzogen. (Das wird natürlich kaum die einzige Sanierungsmaßnahme bleiben; im übrigen gibt es mehrere Pflanzen, die man in ähnlicher Weise einsetzen kann – was allemal, bei so natürlicher Einfachheit, zu passenderen Lösungen führt als der Eingriff mit Pumpe und Filter.)

Schilf am Schwimmteich

Eine ganz andere Klärungsmethode durch sauerstoffabgebende Wurzeln wurde bereits erwähnt (siehe Seite 33), die Bakterientätigkeit wird dadurch enorm gefördert. Am häufigsten verwendet man – in Kläranlagen – dafür das ganz gewöhnliche Schilf *(Phragmites australis);* für den Schwimmteich oder das Biotop ist allerdings extrem davon abzuraten. Es wuchert geradezu entsetzlich, wobei sich nicht nur das Wurzelsystem unter der Erde sehr stark und rasch vermehrt, sondern auch auf dem Boden sich fortpflanzende „Legehalme" oft über zehn Meter weit reichen, so daß ein großes Gebiet erstaunlich rasch besiedelt wird. Und wo *Phragmites* einmal wächst, ist es nicht mehr loszuwerden. In einem begrenzten Teich von wenigen hundert Quadratmeter könnte es in ein paar Jahren fast alle anderen Pflanzen verdrängt haben und zur Monokultur werden, bei unaufhaltsam fortschreitender Verlandung. Zudem: wenn irgendeine Wasserpflanze die Folie gefährden kann, dann wiederum nur dieses Schilf. Ein solcher Preis für eine gute Wasserqualität wäre zu hoch – und ist auch völlig unnötig.

Erstens ist der Schwimmteich zu seiner Klärung nicht auf Monokultur, sondern auf Vielfalt hin angelegt – die noch dazu wirksamer ist, da insgesamt viel mehr Stoffe erfaßt werden. Zweitens leisten auch einige andere Pflanzen dasselbe wie das Schilf – etwa die große Teichbinse und der Wasserschwaden. Beide sind auch ein wenig leichter im Zaum zu halten; vor allem in ihren dekorativeren Formen: der Wasserschwaden in seiner weiß-grün gestreiften Form *(Glyceria „variegata"),* die Binse in ihrer geringelten Färbung als „Zebrabinse". Und wovon noch die Rede sein wird: In einem viel zu armen Untergrund sitzend, bleibt ihre Neigung zum Wuchern ohnehin stark eingeschränkt. Im übrigen wird auch einigen Simsen der Gattung *Juncus* eine klärende Wirkung im Wurzelbereich nachgesagt, als immerhin verbreiteter Erfahrungswert, auch wenn wissenschaftliche Einzeluntersuchungen noch ausstehen.

Das beliebteste Schilf an Schwimmteichen und Biotopen besteht zweifellos aus den verschiedenen Arten von Rohrkolben. Und hier ist eine andere Art der klärenden Wirkung mit freiem Auge zu sehen. Selbst wenn die größeren Sorten des Rohrkolbenschilfs in einem fruchtbaren statt armen „Substrat" gepflanzt sind, wachsen sehr bald silbrigweiße, haarige Wurzeln aus dem Erdreich nach oben ins Wasser und breiten sich dann weiter auf der Oberfläche aus: um eben die Nährstoffe direkt aus dem Wasser zu entnehmen. Wenn der Wasserstand sinkt – woran alle

Phragmites australis – Schilf

„Wasserwurzeln" des Breitblättrigen Rohrkolben

Pflanzen der seichteren Zonen in der Natur angepaßt sein müssen –, trocknen diese „Wasserwurzeln" wieder aus, und die Pflanze versorgt sich in der üblichen Weise aus dem Boden.

Nährstoffarmut als Grundprinzip

Alles bisher Gesagte hat gewiß den Eindruck erweckt, als wären ausschließlich die mit den verschiedensten Methoden vorgehenden Nährstoffzehrer für den Schwimmteich nützlich (oder zumindest für die Wasserqualität, die dessen Besitzer fürs Schwimmen wünscht).

Das ist aber keineswegs der Fall: Es braucht auch Spezialisten der Armut. Schließlich ist Nährstoffarmut der Zustand, der sowohl durch die Einbringung der Erdmischung – des Substrats – wie auch durch die Tätigkeit der Wasserpflanzen hergestellt werden soll. Dann kann den großen Nährstoffzehrern durchaus einmal ihr Ausgangsmaterial knapp werden: Sie müssen ihre Aktivitäten zurücknehmen, ihre Produktion reduzieren. Das mag etwa gerade im Hochsommer sein, also zu einem Zeitpunkt, an dem die ständige Durchlüftung des Teichs mit Sauerstoff besonders wichtig ist.

Diese etwa leistet die Nadel-Sumpfbinse in hervorragender Weise. Es ist eine kleine, zarte Pflanze, kaum mehr als zehn Zentimeter hoch und fein wie ein dünnes grünes Fädchen – aber sie kann sich enorm ausbreiten und dabei eine Art von Unterwasserrasen bilden. Dieser zieht sich vom Ufer bis zu fünfzig Zentimeter Wassertiefe dahin, in frischestem Hellgrün, aus dem ständig winzige Sauerstoffbläschen aufsteigen. In einem zu nährstoffreichen Teich allerdings verschwindet sie vollständig; bei einem ärmer gehaltenen hingegen genügt es, an wenigen Stellen ein handtellergroßes Büschel einzupflanzen – und die Ausbreitung erfolgt in mehr oder weniger einem Jahr.

Ganz ähnlich verhält sich der, sehr hübsch blühende, Igelschlauch; unter denselben Armutsverhältnissen breitet er sich durch Samen und vegetativ rund um den Teich aus und wächst vom Ufer bis zu etwa vierzig Zentimeter Tiefe, oft ebenfalls sehr dicht. Und ein besonderer Spezialist ist er auch noch in einer anderen Hinsicht: Er bildet drei verschiedene Arten von Blättern aus, die der jeweiligen Funktion angepaßt sind – zuerst reine Unterwasserblätter, dann Schwimmblätter und schließlich steife lanzettförmige, die über die Wasseroberfläche ragen und weitgehend den Blättern der Landpflanzen entsprechen. Bei einer

solchen „Ausrüstung" verwundert nicht mehr, daß die Pflanze selbst unter ärmlichsten Verhältnissen zu gedeihen vermag.
Doch gerade diese Spezialisten sind in der Natur zum Aussterben verurteilt; ebenso der Zwerg-Rohrkolben, der nur rund sechzig Zentimeter hoch wird. Im nährstoffarmen Schwimmteich – in sandigem Schotter etwa – fängt dieser besonders schöne und zierliche Rohrkolben zu wuchern an, wie man sich das, dem üblichen und zweifelhaften Vergleich nach, vom sogenannten „Unkraut" erwartet und nicht von einer der gefährdetsten Arten. Doch wenn dieser Ausbruch an Üppigkeit, noch dazu mit rascher Vermehrung, geschieht, geht es den großen Rohrkolben am selben Teich schon sehr viel schlechter. Sie stehen locker und bilden keine dichten Palisaden; und was man an ihnen besonders mag – die Rohrkolben nämlich –, wird seltener ausgebildet. Immerhin überleben sie.
Und etwa so sollte die ideale Pflanzenbesetzung eines Schwimmteichs erfolgen: vielfältig genug, um sehr verschiedene Ansprüche abzudecken und alle – immer wieder möglichen – Schwankungen aufzufangen, indem eben einmal diese, dann wieder andere Pflanzen reagieren können. Die grundlegende Tendenz bleibt jedoch stets dieselbe: Nährstoffarmut mit der dabei größtmöglichen Artenvielfalt zu kombinieren.

NATUR UND FOLIENTEICH

Für die Pflanzenvielfalt in und rund um den Schwimmteich gibt es in der Natur kein Vorbild. Manche Pflanzen – die „Entengrütze" etwa – treten in der Natur geradezu als Monokultur auf. Und wenn man durch die Auen wandert, kann man oft in einem Altarm, der vielleicht nur zwanzig Meter vom vorher betrachteten entfernt liegt, eine reichlich unterschiedliche Vegetation feststellen, ohne daß ein Unterschied der Bedingungen ins Auge sticht. Immer aber sind es nur wenige Pflanzen, die von den besonderen Standortbedingungen am meisten begünstigt werden. Und manche dort festgestellte Minorität ist vielleicht im nächsten Jahr verschwunden. Auch der von Jahr zu Jahr verschiedene Wasserstand, der kühlere oder heißere Sommer haben mitgewirkt, von Umwelteinflüssen zu schweigen.

Dennoch läßt sich am Ort ihres natürlichen Vorkommens am meisten über die Pflanzen lernen. Und geradezu selbstverständlich könnte sich daran ein bestechender Gedanke anschließen: Wenn man eine Stelle entdeckt hat, wo vom Ufer bis ins tiefere Wasser mehrere Pflanzengesellschaften aufeinander folgen, dann müßte dieses natürlich entstandene Modell richtiger sein als jedes noch so informiert ausgeheckte. Es müßte sich auch in einem Teich bewähren.

Tatsächlich aber ist ein Biotop nicht übertragbar – allein schon die Größe und Wassermenge werden anders sein, die fast geschlossenen Bedingungen des Folienteichs ohnehin, die Erdmischung und letztlich noch viele andere Einflüsse würden etwas anders ausfallen usw.

Im Schwimmteich werden nie alle Pflanzen ihre ganz idealen Bedingungen finden. Während man in schöner Weise und mit Recht behaupten kann, vielen aussterbenden Pflanzen einen neuen Lebensraum bieten zu können, bleibt doch wesentlich, daß man nicht alle Pflanzen verwendet, um ihre Bedürfnisse maximal zu befriedigen, sondern um auszunützen, was sie können. Und wenn schließlich, auf beispielsweise zweihundert Quadratmeter, siebzig oder mehr Sorten von Pflanzen wachsen, ist dies zwar „reine Natur" – aber eine, die es „natürlich" nirgends gibt. Es ist ein angelegter Wassergarten, mit reichlich genau festgelegten – und geforderten – Zweckmäßigkeiten.

Intermezzo
Der getarnte Swimmingpool

Die boomende Mode von Biotop und Schwimmteich ist vielen weitaus geläufiger als das biologische Funktionieren, das die Grundlage bildet; und das Geschäft damit erfreulicher als das Studium der notwendigen Voraussetzungen.

Wo man ein solches Studium betreiben sollte, bleibt freilich rätselhaft (auch jede bis ins Detail lästige Gewerbeordnung muß eine ehrliche Antwort schuldig bleiben). Die wichtigen und richtigen Grundlagenkenntnisse hätte am ehesten ein Limnologe (ein Wissenschaftler der Süßwasserkunde) oder ein auf diesen Bereich spezialisierter Biologe, wohl von der Botanik her kommend. Diese Leute pflegen jedoch im allgemeinen keine Teiche für Fremde zu bauen.

Zur Errichtung solcher Anlagen fühlen sich hingegen meistens (Gartenbau-)Architekten oder Landschaftsgärtner berufen; doch wenn sie sich nicht aus privatem Interesse ausführlich mit Biologie und Botanik beschäftigt haben, dann entsteht meistens nur, was wir als „getarnten Swimmingpool" bezeichnen.

Die Planung geht zumeist davon aus, daß die Anlage schick und teuer aussehen muß – bei den geforderten Preisen ist der Wert als Statussymbol inbegriffen. So schließt sich etwa an die Sitzterrasse einmal das große Betonbecken, denn gemauert wird zuerst einmal fast alles. Wo jenseits der Schwimmzone dekorative Pflanzengruppen gesetzt werden, etwa zwischen Felsen und Findlingen, die vielleicht über Hunderte Kilometer herbeigeholt wurden, entscheidet dann das Ästhetikgefühl des Planers, dem auch noch romantische Baumstrünke, japanische Teehäuschen und Monetsche Brücklein einfallen können – so werden die Accessoires alleine schon teurer als ein biologisch funktionierender Schwimmteich insgesamt. Doch wie immer das auch aussehen mag und vielleicht sogar wunderschön: Wer es so haben will und es sich leisten kann, soll dies tun.

Einfachere Anlagen dieser Art liefern manche Baufirmen zum fertigen Haus, als Teil der Gartengestaltung. Natürlich immer mit den „dekorativen Pflanzengruppen": zumindest eine Seerose darf nicht fehlen, dazu kommen Wasserschwertlilien, vielleicht Sumpf-Vergißmeinnicht, ein paar Pfeilkräuter, die Schwanenblume, ein bißchen Rohrkolben, gerne auch noch ein

paar exotische Blüher. Das sieht immer passabel hübsch aus.
Natürlich funktioniert es nicht. Doch ist hier meist von vornherein das Mißtrauen gegen die Natur mit der Unkenntnis ihrer Vorgangsweisen kombiniert: Solche Anlagen werden von Anfang an für Umwälzpumpen und Filteranlagen konzipiert. Verzichten muß man nur aufs Chlor und den chemischen Algentod; ja, und auf den Skimmer, der im Swimmingpool die Wasseroberfläche von hineingefallenen Blättern und Blütenstaub reinigt. (Da er dabei frei – mit dem Wind – treiben muß, könnte er zwischen den Pflanzen Schaden anrichten.) Manche allerdings haben auch teurere „Patente" entwickelt, etwa mit abgetrennten Kammern, aus denen geklärtes Wasser zurückgepumpt wird, und besonders komplizierte Filtersysteme . . .
Nun gibt es natürlich genug Leute, die sich das nicht leisten können. Sie denken über billigere Methoden nach, wie sie die Natur daran hindern könnten, ihnen das Badewasser zu verschmutzen. Ein „Trick", der gar nicht wenigen einfällt, ist es, die Pflanzen in ihren Töpfen zu belassen (wie man sie eben kauft) und diese dann unter Wasser zur Gänze mit sauberem Kies zu bedecken: so daß es zwischen Erde und Wasser kaum Berührungszonen gibt. Was sie nicht wissen oder bedenken, ist allerdings, daß man dann sämtliche im Teich befindlichen Pflanzen einmal jährlich umtopfen müßte, denn entweder sprengen die Wurzeln das Gefäß oder verfaulen . . .
Die Angst vor der Erdmischung – als „Schmutz" im Wasser – beschäftigt viele; Kies oder Rollschotter taucht immer wieder als Lösungsversuch auf – als ein gewissermaßen technisch verständliches Verfahren, das es erspart, komplizierteren Vorgängen der Natur vertrauen zu müssen. Immerhin ist auffällig, daß es meistens die Männer sind, die sich liebend gern mit Schottergrößen und Steinabdeckungen auseinandersetzen, wenn ihnen dafür jede Beschäftigung mit den Pflanzen erspart bleibt – „denn das ist was für meine Frau!" Tatsächlich bringen fast immer die Damen mehr Intuition und Verständnis für die stille Wirksamkeit der Pflanzen auf – als herrschte da eine geheime Affinität.

Nächste Doppelseite: Ein sehr schöner Altarm in einer Au – aber fast eine „Monokultur"

DAS SUBSTRAT

Immerhin: ein Teich, in dessen Pflanzenzone nichts als purer Schotter eingebracht wurde, ist möglich. Und auch gar nicht so selten: nämlich als Ausdruck der Überbesorgtheit, was die „Verschmutzung" des Wassers betrifft. Und da nasse Steine bekanntlich schöner aussehen als trockene, ist der erste Eindruck immer recht überzeugend: sauberer Kies, aus dem ein paar grüne Pflanzen ins Wasser aufsteigen.
Daß es nur ein paar sind – von den Sorten her gesehen –, stimmt leider. Zwar gehören die wichtigsten dazu, nämliche jene Unterwasserpflanzen, die mehr Nährstoffe dem Wasser als dem Erdreich entziehen, und diese vertragen auch eine beträchtliche Unterernährung; dazu kann man noch ein paar Armutsspezialisten setzen; aber zu einer lebendigen Üppigkeit kommt es auf diese Weise nicht. Alle Pflanzen mit größeren und schönen Blüten werden zuerst einmal auf das verzichten, was sie schätzenswert macht: nämlich aufs Blühen; und dann allmählich zur Gänze verschwinden. Bis dahin sind aber auch die Steine nicht mehr bunt und schön, sondern, da sich Pflanzen zersetzt haben, mit einer dünnen Schlammschicht überzogen – die allerdings noch immer nicht zu einer erhöhten Fruchtbarkeit beiträgt.
Somit ist diese Art von „Schotterteich" nur eine Lösung für Minimalisten; und obwohl es, wie gesagt, kein direktes Vorbild in der Natur gibt, so ist diese Methode doch in weiter Entfernung von ihr angesiedelt. Und wenn auch Nährstoffarmut gefordert ist: Weder muß sie noch sollte sie auf Kosten der Vielfalt gehen. Denn gerade was die Gestaltung des Teiches mit Pflanzen betrifft, sollte der Weg von der Funktion ganz entschieden weiterführen: nämlich zur Ästhetik, zur Schönheit der gesamten Anlage.
Das erfordert natürlich keine minimale, sondern – ganz im Gegenteil – die optimale Ausnützung aller Möglichkeiten. Es ist also ein Substrat notwendig, das zwar das Wasser nicht mit Nährstoffen überlastet, in dem aber doch erheblich mehr gedeiht als in blankem Schotter. Daß dunkle, humushaltige Gartenerden ebensowenig in Frage kommen wie irgendein Dünger, dürfte wohl klar sein. Als Humus bezeichnet man noch nicht völlig verrottete organische Stoffe, also Pflanzenreste, die sich in der Erde weiter zersetzen und diese dabei ständig düngen. Die Abgabe ans Wasser wäre so stark, daß sich dieses noch braun verfärbt, selbst wenn die sichtbaren Humusbestandteile schon abgesunken sind.

Die richtige Mischung

Die Absinkgeschwindigkeit der verschiedenen Bodenpartikel spielt im Teich überhaupt eine wichtige Rolle. Der Humus – mit seinen manchmal noch holzartigen Teilchen – schwimmt natürlich am längsten auf, zumeist über Wochen. Bei den mineralischen Bestandteilen sind es natürlich die feinsten, die am längsten im Wasser schweben bleiben: Es sind mikroskopisch kleine Blättchen, die man, im dichten Gefüge, als Ton bezeichnet. Ein hoher toniger Anteil des Gemischs im Teich ist immer wieder am leichtesten aufzuwirbeln und trübt dann sehr lange, wobei mineralische Nährstoffe sehr leicht zu lösen sind. Abgelagert als Sediment hingegen kann der Ton Schwermetalle und andere giftige Stoffe binden – allerdings bleibt er unter Wasser fast suppig, ein sehr weicher Schlamm, der bei jeder Berührung wolkig aufsteigt.
Eine weniger kleine – und runde – Korngröße, die noch immer unter jener des Sands liegt, bezeichnet man als Schluff. Auch hier ist noch eine hinreichende Löslichkeit der Nährstoffe gegeben, die Sinkgeschwindigkeit jedoch schon größer – sie kann aber immer noch von ein, zwei Tagen bis zu zwei Wochen reichen. Der Sand hingegen, mit seiner Korngröße von bis zu zwei Millimeter, beginnt schon nach wenigen Minuten sich zu setzen. Lehm besteht – in sehr verschiedenen Zusammensetzungen – aus diesen drei Korngrößen: Ton, Schluff und Sand.
An mineralischen Nährstoffen ist ein mittlerer bis leichter Lehmboden im Garten ideal (die „Leichtigkeit" nimmt mit dem Sand zu, die „Schwere" mit dem Tonanteil). Unter Wasser ist, aus naheliegenden Gründen, ein Lehm mit mindestens fünfzigprozentigem Sandanteil am günstigsten; und beim Rest sollte der Schluff den Tonanteil weit übersteigen.
Das klingt allerdings nach einer erheblichen Komplikation; es ist aber bei weitem nicht so schwierig, wie es sich anhört. Solche Mischungen treten vielerorts in der Natur auf und lassen sich fertig kaufen – gar nicht teuer. Unter Umständen ist sogar das Aushubmaterial des Teichs zu gebrauchen – natürlich ohne die oberste Humusschicht. Wenn man sich über die Qualität des Materials unsicher ist, kann man eine Handvoll davon in Wasser kräftig verschütteln, bis es keine Klümpchen mehr bildet, und dann in einem hohen Glas stehenlassen: Durch die verschiedenen Sinkge-

schwindigkeiten hat man, nach spätestens zwei Wochen, einen – nun geschichteten – Überblick über die anteilsmäßige Zusammensetzung des Lehms. Und ein ungefähr richtiger Annäherungswert reicht völlig aus – es geht nicht um einzelne Prozente (obwohl manche Firmen aus ihrem „Substrat" eine Art alchemistisches Geheimnis machen, um dann „Spezialmischungen" sündteuer zu verkaufen).

Was man also braucht (und so eventuell bestellt), ist ein stark sandhaltiger Lehm. Freilich ist damit die Mischung noch nicht fertig – das wäre, für den durchschnittlich zehn Zentimeter hohen Auftrag auf der Folie, erstens noch immer ein etwas zu nahrhaftes Substrat und würde zweitens auf den geneigten Flächen allzu leicht rutschen. Also verarmt und verfestigt man die erste Mischung mit einem gleichen Teil an Rollschotter – was im allgemeinen die Firma macht, bei der man das alles bestellt. Mit einigem Glück wohnen Sie aber in der Nähe eines Flusses, dessen Ablagerungen oft genau dem entsprechen, was man im Teich braucht. Und dort ist es dann billiges Aushubmaterial ... statt angeblich komplizierter Hexereien mit dem Substrat.

Hier ist übrigens auch der eindeutige Unterschied zum Biotop gegeben: Da nicht darin gebadet wird, spielt aufwirbelbarer Schlamm eine viel geringere Rolle. Der Tonanteil kann also höher sein, auch die Fruchtbarkeit besser den Bedürfnissen der stark blühenden Pflanzen angepaßt werden. Bei der richtigen Bepflanzung muß es deshalb keineswegs zu einer höheren Algenbildung kommen.

Das Substrat für den Schwimmteich ist natürlich ein recht armseliger Nährgrund für Pflanzen, die in der Natur – wie es vor allem in stehenden Gewässern häufig vorkommt – tiefgründigen Schlamm lieben.

Aber sie überleben auch hier; und bei manchen ist es durchaus erfreulich und wünschenswert, daß ihrem Wuchern Grenzen gesetzt sind: Sie breiten sich im Teich erheblich langsamer aus, als dies in ihrer natürlichen Umgebung der Fall wäre. Das gilt für die Unterwasserpflanzen ebenso wie für die größeren Schilf- und Binsenarten; auch Pflanzen wie der Igelkolben brauchen unter Umständen einige Jahre, bis sie ihre volle Größe erreichen und ihre reizvollen Samenstände – denen sie den Namen verdanken – hervorbringen. Das ist vor allem in einem kleineren Teich durchaus ein Vorteil – und erspart einem zumindest in den ersten Jahren das Auslichten der Bestände.

Punktuelle Veränderungen

Für Pflanzen hingegen, die wir üppig blühen sehen möchten – ohne deshalb den ganzen Teich ihrem Nahrungsbedarf anzupassen –, können wir punktuell die Substratmischung aufbessern oder überhaupt eine andere Erde einbringen. Dazu braucht man vor allem einen Bepflanzungsplan – worüber noch ausführlicher zu sprechen sein wird. Wenn man nun weiß, wo man zum Beispiel die größeren Seerosen anpflanzen will, kann man dort – und eben nur dort – für ihre idealen Bedürfnisse sorgen: also gut dreißig Zentimeter hoch fruchtbare Erde einbringen, vielleicht innerhalb eines Kreises von aufgeschichteten Steinen, welche die Begrenzung zum übrigen Substrat darstellen. Mit diesem kann man übrigens sowohl die Steine als auch die Erde abdecken, wodurch optisch die Einheitlichkeit des Teiches gewahrt bleibt. (Ein „Unterwasserbeet" wirkt doch recht künstlich – und ist in dieser Hinsicht fast schon so schlimm wie Pflanzenkübel, die ebenfalls oft der „Sauberkeit" und Eingrenzung halber empfohlen werden.)

In ähnlicher Weise gesonderte Bedingungen kann man für mehrere Pflanzen herstellen, ohne daß deshalb der gesamte Teich mit zu vielen Nährstoffen belastet würde. Als Voraussetzung braucht man im Grunde nur die richtigen Auskünfte über die Bedürfnisse der Pflanzen – wie sie auch in diesem Buch gegeben werden. Nicht für alle ist ein eigenes – und sei es auch getarntes – „Beet" nötig; oft reicht die Zugabe eines Schäufelchens Erde unter das Substrat – das Pfeilkraut etwa ist dafür recht dankbar, nämlich mit schönen Blüten; ebenso das Hechtkraut und andere. Die Schwanenblume und die Wasserähre hingegen wollen es wieder tiefgründiger – diese im Grunde wenigen Ausnahmen werden dann bei den einzelnen Pflanzenbeschreibungen genauer geschildert.

Insgesamt bleibt der Teich also sehr wenig belastet. Außerdem sorgt die ausreichende Kalkhaltigkeit des Substrats und damit des Wassers („Karbonathärte") dafür, etwa sauren Regen zu neutralisieren, abzupuffern, und ebenso alle natürlichen Schwankungen auszugleichen, wie sie in einem so belebten Wasser vorkommen. Deshalb sollte man übrigens in Gegenden mit Urgestein oder Buntsandstein den Aushub keinesfalls für den Teich verwenden, sondern sich von weiter weg das oben beschriebene Substrat besorgen. Denn bei geringer Karbonathärte versauert das Wasser viel leichter – was die Pufferwirkung deutlich herabsetzt.

Moorbeet und Sumpfpflanzen

In kalkhaltigem Wasser hingegen läßt sich sogar – vor allem der Vielfalt und Schönheit wegen – ein „saures“ Beet anlegen, nämlich eine Moorzone, die vom Ufer bis erheblich unters Wasser reichen kann, wenn sie mit dem lehmigen Substrat abgedeckt ist. (Zugleich „puffert“ sie wieder gegen zu hohe Karbonathärte.) Auch Torf – ein natürlicher, das heißt: ungedüngter – ist ein äußerst armes Substrat, für das es eine ganze Reihe extrem gefährdeter Spezialisten gibt; daher ist ein solcher kleinerer Bereich – etwa eine Bucht – eine wunderbare Bereicherung für den Teich, wo dann das seltene Wollgras silbrigglänzend blüht, dazu das Sumpfblutauge und andere Schönheiten, die man in der Natur nur noch schwer findet.

Das gleiche läßt sich für alle Pflanzen sagen, die sich in dem eingebrachten Substrat besonders wohl fühlen. Zu den bereits erwähnten Armutsbewohnern kommen gerade im Uferbereich besonders viele Raritäten, für deren neuerliche Ausbreitung wohl nur noch Schwimmteiche und Biotope in Frage kommen. Das reicht von der kaum noch auffindbaren Wildform der Sibirischen Schwertlilie – nur Zuchthybriden gibt es zuhauf – über die Schachbrettblume (die z. B. in ganz Österreich nur noch auf einer Wiese vorkommt) und über die wohl schon ausgestorbene Becherglokke bis hin zu den ganz seltenen Erdorchideen der Feuchtgebiete.

Und damit sind wir an dem Punkt angelangt, an dem sich das biologische Funktionieren des Schwimmteichs nahtlos mit der ganzen Pracht verbindet, die eine solche Arche Noah bieten kann. Jetzt gilt es nur noch, diesen Reichtum wirklich herzustellen.

Gegenüberliegende Seite: Schachbrettblume

3. Teil

DIE PRAXIS

ANNÄHERUNGEN

Um sich im Garten nun wirklich den Platz für den Schwimmteich aussuchen zu können, muß man zuerst einmal wissen, was überhaupt möglich ist und wieviel Platz man dafür braucht.

Der Wall für die Schwimmzone

Die Methode, den Teich so zu errichten, daß der Wall zwischen Schwimm- und Pflanzenzone beim Graben einfach stehen gelassen wird, wenn das Erdreich dazu fest genug ist, kostet natürlich am wenigsten: Keine andere Bauweise ist einfacher und schneller. Dazu kommt noch der enorme Vorteil, daß bei diesem Verfahren keinerlei Form vorgeschrieben werden muß.
Die Möglichkeiten der Gestaltung sind mehr oder minder unbeschränkt. Man kann den Teich so naturnahe formen, wie man das nur immer haben will. Etwa unter Vermeidung aller geraden Linien, sei es in der Schwimmzone oder am Ufer. Dieses rundum völlig natürlich und flach auslaufen zu lassen, mit Buchten und kleinen Halbinseln dazwischen, ergibt ein Bild, das völlig vergessen macht, daß dieser Teich einmal künstlich angelegt wurde. Dazu eine Schwimmzone in der Mitte – länglich, gekrümmt, rund, wie es einem eben gefällt; und über einen Steg zu erreichen.
Aber so muß es nicht sein. Vielleicht will man den Einstieg ins tiefe Wasser gleich von der Terrasse aus und läßt den Pflanzenzonen an den Seiten Raum – oder nach hinten in den Garten ... Ohne schon jetzt auf die einzelnen Formgebungen einzugehen, soll hier nur die prinzipielle Möglichkeit der völlig freien Gestaltung betont werden.

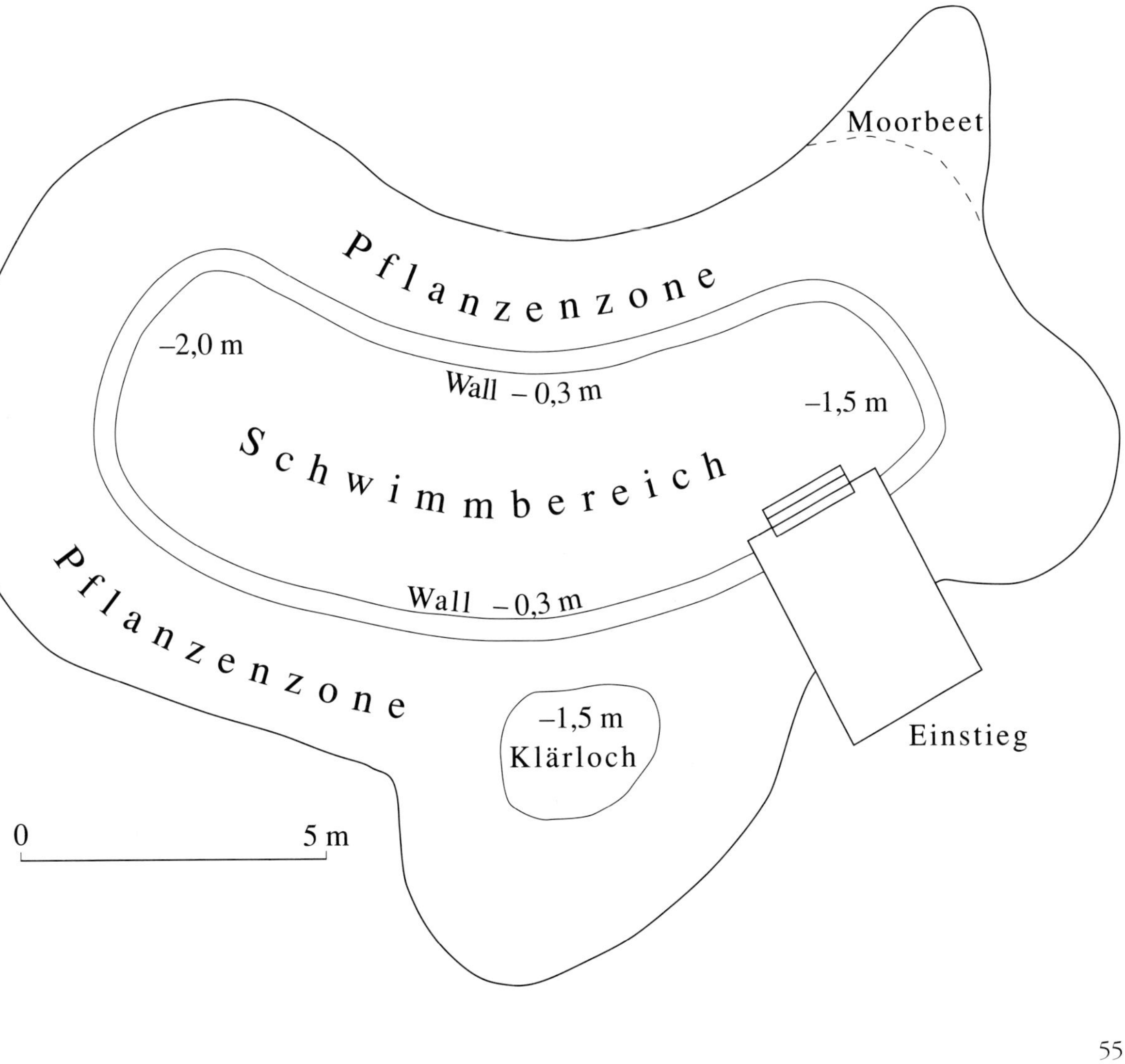

Eingeschränkt wird diese Freiheit eventuell durch das Terrain. Wenn es felsig und/oder schottrig ist, ergibt sich kaum die Möglichkeit, den Wall – wie bei „gewachsenem" Erdreich – einfach stehen zu lassen; unter Umständen muß gemauert werden. Aber auch das bedeutet noch nicht, daß nun notwendigerweise gerade Mauern und Vierecke entstehen. Ebenso sind bei einer stärkeren Hanglage meistens Stützmauern nötig; doch auch diese müssen den Formenreichtum nicht einschränken.

Die Schwimmzone

Was nun den nötigen Platz betrifft, klärt man am besten zuerst die eigenen Bedürfnisse. Der Ausgangspunkt für das gesamte Projekt ist klar: es geht ums Schwimmen. Doch da fangen schon die Unterschiede an: manche wollen nur ein bißchen tümpeln, untertauchen, vielleicht ein paar Tempi machen; da reicht eine relativ kleine Badezone, die auch rundlich gehalten sein kann, weil es gar nicht darum geht, an Länge zu gewinnen. Diese aber wird jedem wichtig sein, der gerne weiter in eine Richtung schwimmt und sich dafür mindestens zwölf oder fünfzehn Meter vorstellt.

In diesem Fall sollten aber mindestens drei Meter Breite zur Verfügung stehen – sonst wird es eine gar zu enge Schwimmrinne.

Wenn man die Frage des grundlegenden Wunsches geklärt hat (oder einen Kompromiß getroffen hat, weil es für die uneingeschränkte Wunscherfüllung an Platz oder Geld fehlt), muß man bedenken, daß rund um die Schwimmzone der begrenzende Wall kommt. Dieser sollte, je nach Festigkeit des Materials, dreißig bis fünfzig Zentimeter breit sein und bis rund dreißig Zentimeter unter die Wasseroberfläche reichen. Also rechnet – oder zeichnet – man rund um die Schwimmzone einen Gürtel von einem halben Meter Dicke, der noch nicht der Pflanzenzone hinzugezählt werden darf.

Die Pflanzenzone

Diese also beginnt – vom Schwimmbereich aus gesehen – hinter dem Wall. Und sie muß mindestens die Hälfte der Gesamtgröße des Teiches ausmachen; ein bißchen mehr ist günstiger. (Wenn die Form des Teiches sehr unregelmäßig ist, lassen sich Quadratmeter natürlich nicht mehr berechnen. Dann hilft es, den Entwurf auf Millimeterpapier zu übertragen und dort geduldig die Quadrate zu zählen.)

Aber die richtige Gesamtgröße und das formale Wunschdenken allein reichen noch nicht aus, um den Plan praktikabel zu machen. Denn im Pflanzenbereich benötigt man recht verschiedene Tiefen, um die mögliche Vielzahl an Pflanzen auch wirksam einsetzen zu können.

Natürlich könnte man, wie in asiatischen Reiskulturen, Terrassen auf verschiedenen Niveaus herstellen. Dann aber wäre im senkrechten Teil dieser Stufen überall die schwarze Folie sichtbar, was weder natürlich noch schön aussieht. Die schönere Lösung ist ein natürliches Gefälle, absteigend zu tieferen Zonen, ansteigend bis zum Ufer.

Doch nun spielt der Neigungswinkel eine wichtige Rolle. Wenn er zu steil ausfällt, beginnt das Substrat auf der glatten Folie nach dem Einfüllen des Wassers zu rutschen, samt den Pflanzen; dafür tauchen dann die schwarzen Glatzen der Unterlage auf. Es ist also nur eine relativ sanfte Neigung sinnvoll. Und das heißt: sie muß auf jeden Fall unter 30 Grad sein. Somit erreicht man auf einen Meter Distanz nicht mehr als einen Höhenunterschied von allerhöchstens einem halben Meter, was schon einigermaßen riskant ist; bei 20 Grad Neigungswinkel sind es nur rund 35 Zentimeter.

Im übrigen muß man dabei stets noch bedenken, daß das gedachte oder gezeichnete Profil fürs Graben nie mit der tatsächlichen Tiefe im Teich übereinstimmt, denn auf den Boden kommen zuerst die Unterlage für die Folie, nämlich Sand und/oder Vlies, dann diese selbst und schließlich noch rund zehn Zentimeter Substrat.

Wenn man nun zum Beispiel vom Außenrand des Walls – in der Pflanzenzone – auf einen Meter Tiefe hinabgehen und dann das Terrain wieder bis zum Ufer ansteigen lassen will, sind rund vier bis fünf Meter Distanz von der Schwimmzone nötig.

Natürlich muß man nicht überall so tiefe Zonen einrichten. Aber auch bei einer geringfügigen Absenkung außerhalb des Walls, mit einem anschließenden sanften Anstieg bis zum Ufer, wird man mit mindestens zwei Meter Entfernung rechnen müssen.

Dazu stellt sich sehr klar eine Frage: Wie soll der sogenannte Laie, der nun seinen eigenen Teich auf einem Blatt (Millimeter-)Papier entwirft, mehr oder weniger genau wissen, welche und wie viele Tiefenzonen er im Pflanzenbereich benötigt? Die Anwort ist ebenso einfach wie vielleicht einschüchternd: Er muß wissen, welche Pflanzen er braucht – und welche er, darüber hinaus, auf jeden Fall haben will.

Aber so schlimm ist das gar nicht, wie es fürs erste klingt. Auch ohne das Problem hier schon genau abzuhandeln: Wenn jemand weiß, wie viele Seerosen er

an welchen Orten im Teich haben will, dann muß er eine entsprechende Tiefe für sie vorsehen (welche, hängt von den Sorten ab – wobei man größere Toleranzgrenzen ruhig einkalkulieren kann).
Das zweite Profil der nebenstehenden Zeichnung reicht durchaus, um in ein Meter Tiefe Seerosen zu setzen (doch gibt es auch Sorten für eine Setztiefe von nur dreißig Zentimeter).

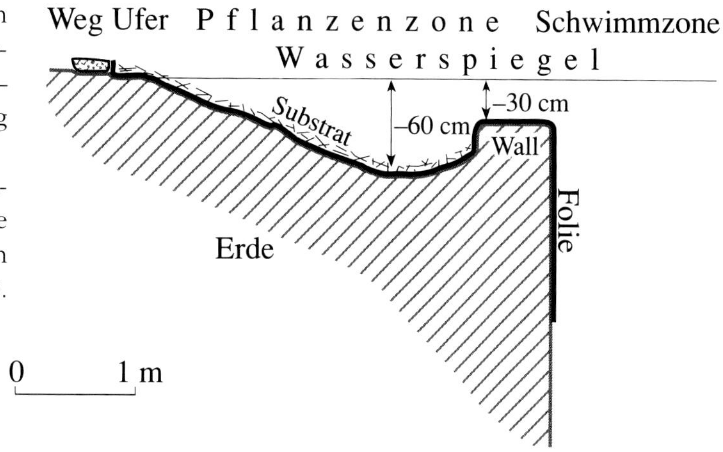

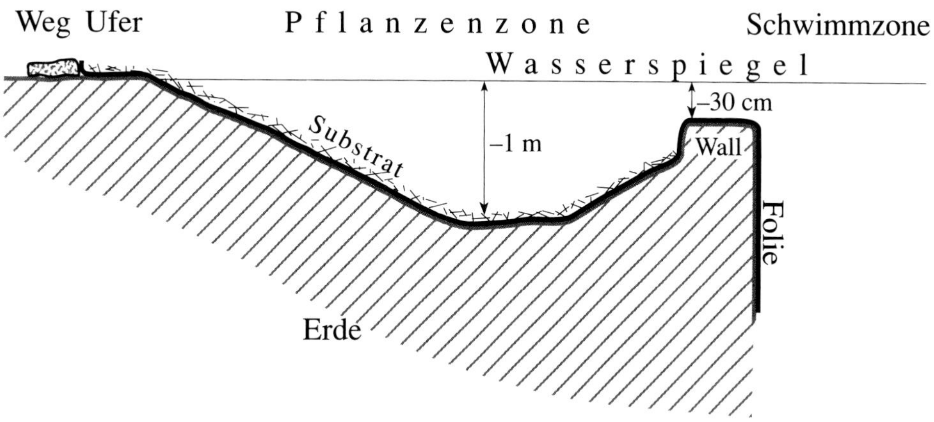

Das Klärloch

Was nun aber die größeren klärenden Unterwasserpflanzen betrifft, kann man für sie – in der Pflanzenzone – ein „Loch" vorsehen. Dieses beginnt irgendwo unter Wasser und reicht hinab zu einer Gesamttiefe von mehr als einem Meter. Natürlich bleibt in diesem Fall – wie bei den Terrassenstufen nach asiatischem Muster – die Folie an den senkrechten Wänden sichtbar. Aber was dann hier heraufwuchert, läßt den Anblick der Folie ohnehin verschwinden.
Und dazu als vorläufige Faustregel (wir kommen auf alle diese Themen noch detaillierter zurück): Für einen Schwimmteich von rund 200 Quadratmeter reicht ein „Klärloch" von etwa vier Quadratmeter.
Weitere klärende Pflanzen müssen ohnehin noch an anderen Stellen verwendet werden. Doch das ist dann unproblematisch: Wenn man da und dort – und gar nicht überall – nach dem Wall in der Pflanzenzone auf etwa 60 Zentimeter Wassertiefe geht und bis zum Ufer für eine sanfte Böschung sorgt, lassen sich sowohl die notwendigen wie die besonders schönen Pflanzen mühelos unterbringen, solange die Gesamtgröße stimmt.

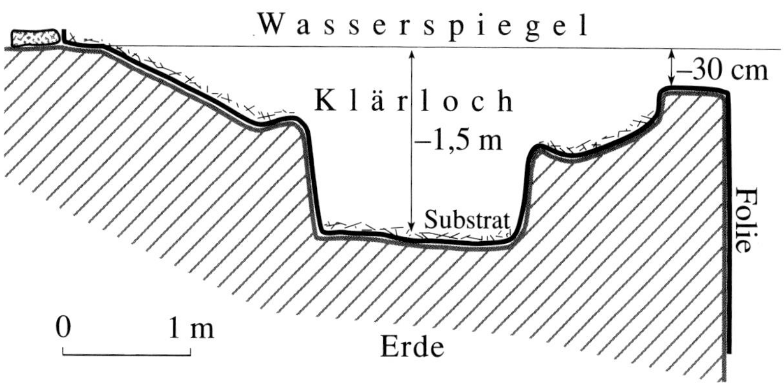

Das Ufer

Allerdings ist damit die wirkliche Ausdehnung des Teiches noch immer nicht bestimmt. Denn das Ufer sollte – wie auf den Profilzeichnungen ersichtlich – weiter reichen als die Wassergrenze. Dort, noch über der Folie, noch im Substrat, aber nicht mehr unter Wasser, wächst ein Teil der prächtigsten (und gefährdetsten) Pflanzen. Sie bilden das wirkliche Ufer des Teichs, die umrandende Vegetation: Und hier erst wird der Teich, in seiner Abgrenzung zur umgebenden Natur, so besonders markant. Und wunderschön. Was hier alles blüht, kann zur Sammelleidenschaft führen; diesen Bereich sollte man großzügig vorsehen, um nicht später zur Reue zu kommen – weil man keinen Platz mehr hat.

Das Prinzip ist einfach: Die Folie trennt das Substrat dieses Teichrands völlig vom umgebenden Garten. So weit sie aber reicht, zieht die Erde durch Kapillarwirkung – wie ein Löschblatt – ständig Feuchtigkeit aus dem Wasser; und damit sind die Bedingungen für eine Vegetation gegeben, deren Pracht ihr Aussterben in der Natur nicht verhindert hat.

Geben Sie einen halben, manchmal einen ganzen Meter für diese Uferpflanzen. Das zählt nicht mehr zur „Pflanzenzone", soweit sie für den Teich notwendig ist – aber die Vielfalt ist weniger Slogan als Entzückung. Eben statt der Einfalt.

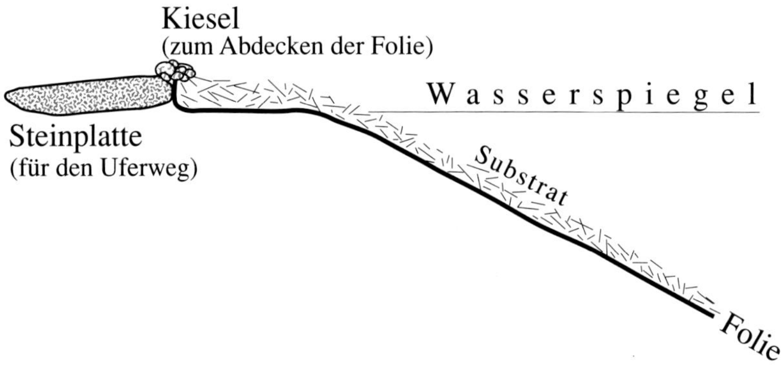

EIN PAAR DETAILS

Warum der Wall?

Beim Schwimmen ist es sicherlich nicht angenehm, unvermutet unter Pflanzen zu geraten, mit den Händen Erde aufzuwühlen usw. Das braucht wohl keine weitere Erläuterung.
Daneben geht es aber vor allem um die Abgrenzung in die andere Richtung. Das hängt mit der Zusammensetzung des Substrats zusammen, nämlich wie lange seine Partikel im Wasser schweben – oder wie schnell sie sinken.
Beim neuen Teich, wo noch wenig verwurzelt ist und das Substrat kaum von „bedeckenden" Pflanzen gehalten wird, löst jeder Regen, Wind oder Schwimmer kleine Schlammwölkchen am Ufer. Wenn sie schwer genug sind – wofür eben die Zusammensetzung des Substrats verantwortlich ist –, kriechen sie gewissermaßen der abfallenden Neigung entlang und bleiben unten liegen, wo sie dann in sich zusammensinken. Sie schaffen es aber nicht, den Wall zu übersteigen. Andernfalls würden sie Schlamm in der Schwimmzone erzeugen, fein auf der Folie abgelagert – und von jedem Schwimmer aufgewirbelt.
Viel mehr „Dreck" wird später aufgewirbelt: wenn man vorhandene Pflanzen auslichtet oder andere hinzusetzt. Jede Gärtnertätigkeit unter Wasser führt in wenigen Minuten dazu, daß man sie abbrechen muß: weil man in den Wolken dichten Schlamms nichts mehr sieht.
Und wieder geht es um die Sinkgeschwindigkeit: Manchmal sieht man die aufgewirbelte Wolke noch am nächsten Tag unten vor dem Wall lagern, wo sie hinabgesunken ist, aber sie hat das Hindernis zur Schwimmzone nicht überwunden.

Die Reduzierung eines Swimmingpools auf ein Wallsystem

Das ist natürlich möglich und gehört sogar zur Entstehungsgeschichte des naturnahen Schwimmteichs.
Man trägt die Mauern des Pools – entweder alle oder nur an jenen Seiten, wo die Ausdehnung erfolgen soll – bis dreißig Zentimeter unter der beabsichtigten Wasseroberfläche ab. Dann gräbt man daneben eine Pflanzenzone und kleidet diese ebenso wie das Betonbecken mit einer Folie aus. Die Mauerkanten müssen jedoch zuvor durchgehend abgerundet werden, damit die Folie nicht beschädigt wird. Die etwas fade Rechtwinkeligkeit der ursprünglichen Anlage bleibt zumindest zentral erhalten, läßt sich aber mit einiger Phantasie in der Pflanzenzone ausgleichen.
Wenn man eine solche einrichtet, also die Ausdehnung des Pools dadurch mindestens verdoppelt, gelten dieselben Regeln wie bei jedem anderen Schwimmteich.

Mauern

Wenn der Untergrund zu „mürbe" ist und zerfällt, so daß man keinen natürlichen Wall stehen lassen kann, ist das kein großes Problem. Um sich die Freiheit der Gestaltung zu erhalten, verwendet man am besten einfache Schalsteine – sie sind auch billiger als Ziegel. Da der Wall nur auf der Innenseite glatt sein muß – der Folie wegen, die dann vom Wasserdruck dagegengepreßt wird –, können an der Außenseite ruhig kleine keilförmige Lücken entstehen: wie sie eben übrigbleiben, wenn man eine Rundung durchführt. Dort wird dann von außen ohnehin wieder mit Erde hinterfüllt.
Am oberen Rand des Walls muß man diese Unregelmäßigkeiten allerdings mit Mörtel ausgleichen; ebenso günstig ist es, die Mauer oben mit einer Rundung abzuschließen. Denn überall, wo die Folie direkt aufliegt, müssen scharfe Kanten und Ecken vermieden werden. Diese könnten, durch den bloßen Druck des Wassers, die Folie durchstoßen oder durchschneiden.

Die Folie

Die Entscheidung zur Bauweise mit Folie mag für manche allzu selbstverständlich erfolgt sein.
Aber seit es extrem haltbare und absolut wurzelfeste Folien gibt, die keinerlei Schadstoffe enthalten, also weder ans Teichwasser noch an die Umwelt schädliche oder giftige Substanzen abgeben, ist ihre Verwendung bedenkenlos möglich. Solche Folien können sogar im Hausmüll entsorgt werden; was eher ein Beweis ihrer Unschädlichkeit ist als eine Aufforderung, das auch zu tun.
Natürlich trifft dies nicht für alle Produkte zu; man muß sich also entsprechend informieren, ehe man den Auftrag erteilt.

Dann aber stellt die – an Ort und Stelle zugeschnittene und verschweißte – Folie die einfachste Möglichkeit dar, den großen Unregelmäßigkeiten eines möglichst natürlichen Teiches angepaßt zu werden. Und was ihre Haltbarkeit betrifft, sollte die – im allgemeinen erhältliche – zehnjährige Materialgarantie beruhigen.
Immerhin mag man dazu bedenken, daß es sich bei Folien um eines der wenigen heutigen Produkte handelt, die nicht hergestellt werden, um dann möglichst rasch von einem Nachfolgemodell abgelöst zu werden. Im Gegenteil: sollte sich allzu rasch eine neue Folie als nötig erweisen, wird man gewiß nicht mehr dieselbe Firma wählen. Daher ist verbürgbare Haltbarkeit der entscheidende Werbefaktor.

Eine vielleicht entscheidende Warnung

Achten Sie darauf, daß kein Nußbaum in der unmittelbaren Nähe des Teiches steht. Sowohl die Blätter als auch die grünen Nüsse geben, wenn sie ins Wasser fallen, an dieses Gerbsäuren und andere Substanzen ab, so daß sich das Wasser dunkelbraun bis schwarz verfärbt und das Gleichgewicht des Teiches ernsthaft gestört wird. (In einem besonders schlimmen Fall blieb nichts übrig, als das gesamte Wasser zu wechseln – was natürlich einem Neustart aller biologischen Prozesse gleichkam.)
Wenn Teich und Nußbaum nicht in hinreichender Distanz zu halten sind – diese hängt auch von der vorherrschenden Windrichtung ab –, dann ist nur die kompromißlose Alternative möglich: Man muß auf eines von beiden verzichten.

DER SCHWIMMTEICH IM KLEINEN GARTEN

Wenn genügend Platz zur Verfügung steht, ist der Entwurf eines Teiches, wie man ihn haben möchte, eine leichte Sache. Kann man ihn gar noch in einer Größe von 800 oder 1000 Quadratmeter ausführen, entsteht auf jeden Fall eine vielfältige Wasserlandschaft, über deren Funktionieren man sich wirklich keine Sorgen zu machen braucht. Und formal sind dem Spieltrieb keine Grenzen gesetzt.

Jedenfalls ergibt sich bei soviel Freiheit – zum Glück – keinerlei verbindliches Modell.

Doch häufig genug stellt sich das Problem, daß der Garten selbst für einen kleinen Schwimmteich nicht genügend Platz zu bieten scheint.

Dabei geht es nicht nur um die etwas mehr als doppelte Fläche, die der Schwimmteich im Vergleich zu einem Pool einnehmen muß. Wenn man daran denkt, daß die Schwimmzone, um nicht zur allzu engen Rinne zu werden, mindestens drei Meter Breite haben sollte, daß dann auf beiden Seiten jeweils ein halber Meter für den Wall hinzukommen muß, und letztlich aufgrund der notwendigen Neigungswinkel mindestens zwei Meter bis zum Ufer nowendig sind, und daß schließlich noch eine Sumpfzone am Ufer möglich sein sollte: so kommt man auf etwa acht bis neun Meter als minimalen Durchmesser des Teiches. An manchen Stellen sollte er auch breiter bzw. länger werden.

Wenn also dieser Platz nicht vorhanden ist, dann scheint es, als müßte man sich von der schönen Idee verabschieden.

Das ist aber nicht unbedingt der Fall.

Man kann erheblich Platz gewinnen, indem man auf das natürliche Modell eines Teiches mit rundum auslaufendem Ufer verzichtet. Dann beginnt der Teich an einer oder an zwei Seiten direkt mit der Schwimmzone. Man erspart sich dort den Wall samt Pflanzenzone und Ufer; also mindestens zweieinhalb Meter.

Der Nachteil ist vor allem ästhetischer Natur: Die Folie reicht auch über der Wasseroberfläche senkrecht bis zur Erdkante. Das sieht nicht unbedingt sehr reizvoll aus, aber man gewöhnt sich sicher daran.

Außerdem ist auch das vermeidbar, wenn man nun doch noch einen halben Meter opfert und etwa dreißig Zentimeter unter Wasser über die ganze Länge eine kleine, etwa fünfzig Zentimeter breite Terrasse errichtet. Hier kann man – eher dicht – Pflanzen setzen, welche mit der Zeit die Folie größtenteils abdecken

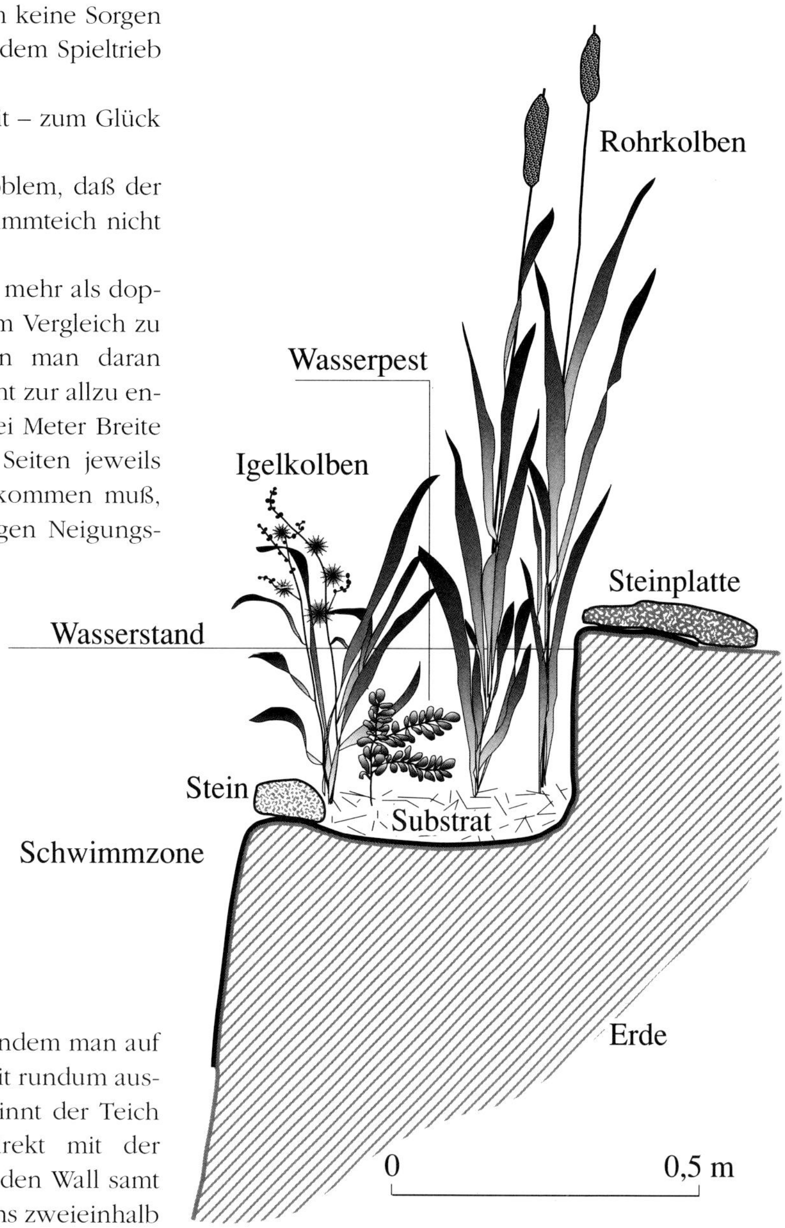

werden und dann eine Art natürliche Palisade bilden, was nun doch wieder besser aussieht. In Frage kommen hier höhere Rohrkolben, die Teichbinse und davor – von der Schwimmzone her gesehen – die etwas niedrigeren, aber ebenfalls zu Dichtheit neigenden Igelkolben.

Bei kleineren Grundstücken ist es zumeist ein Zaun zum Nachbarn oder auch die Straßenfront, wo man eine solche Lösung in Betracht ziehen wird. Da ist dann die palisadenhafte Abdeckung ohnehin erwünscht – immerhin können die größeren Rohrkolben bis über zwei Meter hoch werden. Diese sollten einem, vom eigenen Garten her gesehen, ohnehin nicht die Sicht auf den Teich verstellen.

Und außerdem hat man mit dieser Lösung bereits einen kleinen Teil der Pflanzenzone hergestellt – vielleicht nur wenige Quadratmeter, aber immerhin. Unter dem Aspekt der Klärung des Wassers könnte man auch noch einige niedrige Unterwasserpflanzen zwischen die hohen abdeckenden setzen: etwa das Krause Laichkraut, die Kanadische Wasserpest oder, was hübscher, aber problematischer ist, den Wasserstern.

„Ohren" am Schwimmteich

Natürlich sind noch größere Pflanzenzonen notwendig, doch da wird die Platznot ohnehin nicht viel Wahl lassen – und das heißt meistens auch, daß man auf eine Ausgestaltung mit vielen Rundungen und Buchten verzichten wird müssen (etwa entlang eines geraden Gartenzauns). Da die Planung fast immer davon ausgeht, an welcher Stelle man den Schwimmbereich haben will, muß man nun sehen, wo man den für die Pflanzen notwendigen Platz noch hinzunehmen kann. Dort hängt man gewissermaßen an die Schwimmzone „Ohren" an – eben einzelne Pflanzenbereiche.

Diese werden in der üblichen Weise durch einen Wall abgetrennt, der jedoch an beiden Enden von dreißig Zentimeter Wassertiefe auf Uferniveau ansteigen muß, wozu etwa ein dreiviertel Meter nötig ist. Andernfalls ließe sich anschließend im „Ohr" kein natürliches Ufer gestalten, das ja diesfalls bis an die Schwimmzone reichen muß.

Mit dieser Methode kann man auch schönen alten Bäumen ausweichen, die man für den Teich nicht opfern will (abgesehen vom Nußbaum). Dabei sollte freilich immer ein gewisser Abstand gewahrt werden: Eine mächtige Baumwurzel könnte von außen die Folie zerstören. Während Pfahlwurzler wenig Schaden anrichten, breiten etwa Weiden ihre Wurzeln bis weit über zehn Meter im Umkreis aus – das sind Dinge, die man in einem solchen Fall natürlich bedenken muß; und wenn man's nicht weiß, fragt man am besten einen Gärtner.

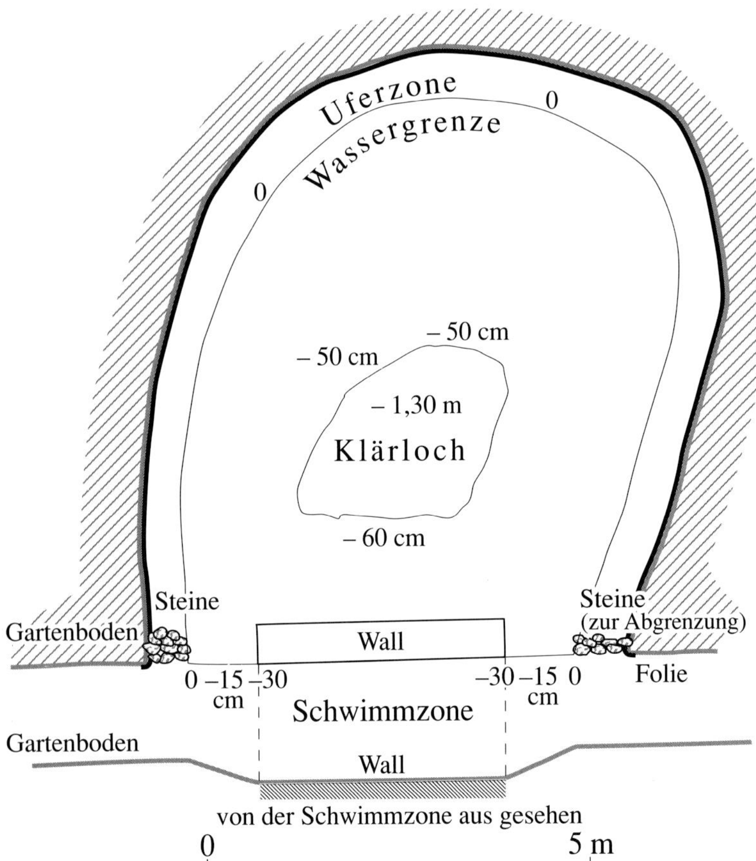

Jedenfalls ist mit den „Ohren" – die natürlich beliebig aussehen können – sowie den Palisadenterrassen auch auf kleinem Raum wieder eine große Beweglichkeit bei der Planung entstanden. Und da sich in solchen Buchten das Wasser naturgemäß rascher erwärmt als in der Schwimmzone und sich über die gesamte Oberfläche verbreitet, kommt es zu einer ausreichenden Zirkulation.

Bei einem Teich, für den nur knappe hundert Quadratmeter zur Verfügung stehen, wird man meistens solche Methoden anwenden müssen. Daß dabei noch durchaus originelle und befriedigende Lösungen möglich sind, sollen die folgenden Beispiele zeigen – wobei die völlige Variabilität natürlich weiterhin gilt.

Und selbst im schlimmsten Fall – wenn nämlich der Wunsch nach einem Teich zu heftig, der Platz aber dennoch nicht vorhanden ist – lassen sich noch Lösungen finden. Diese gehen wiederum auf Kosten

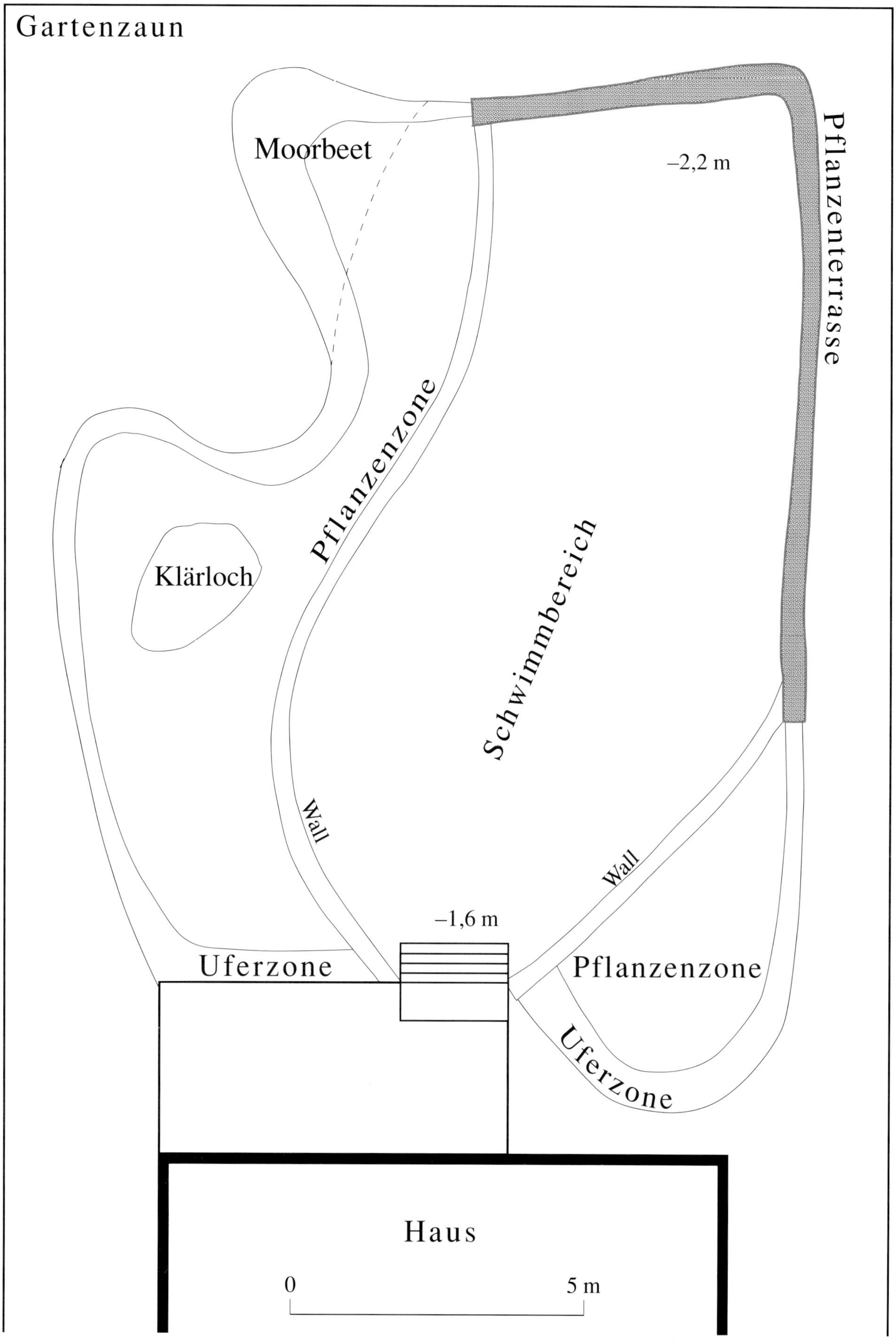
Gartenzaun
Moorbeet
–2,2 m
Pflanzenterrasse
Pflanzenzone
Klärloch
Schwimmbereich
Wall
Wall
–1,6 m
Uferzone
Pflanzenzone
Uferzone
Haus
0
5 m

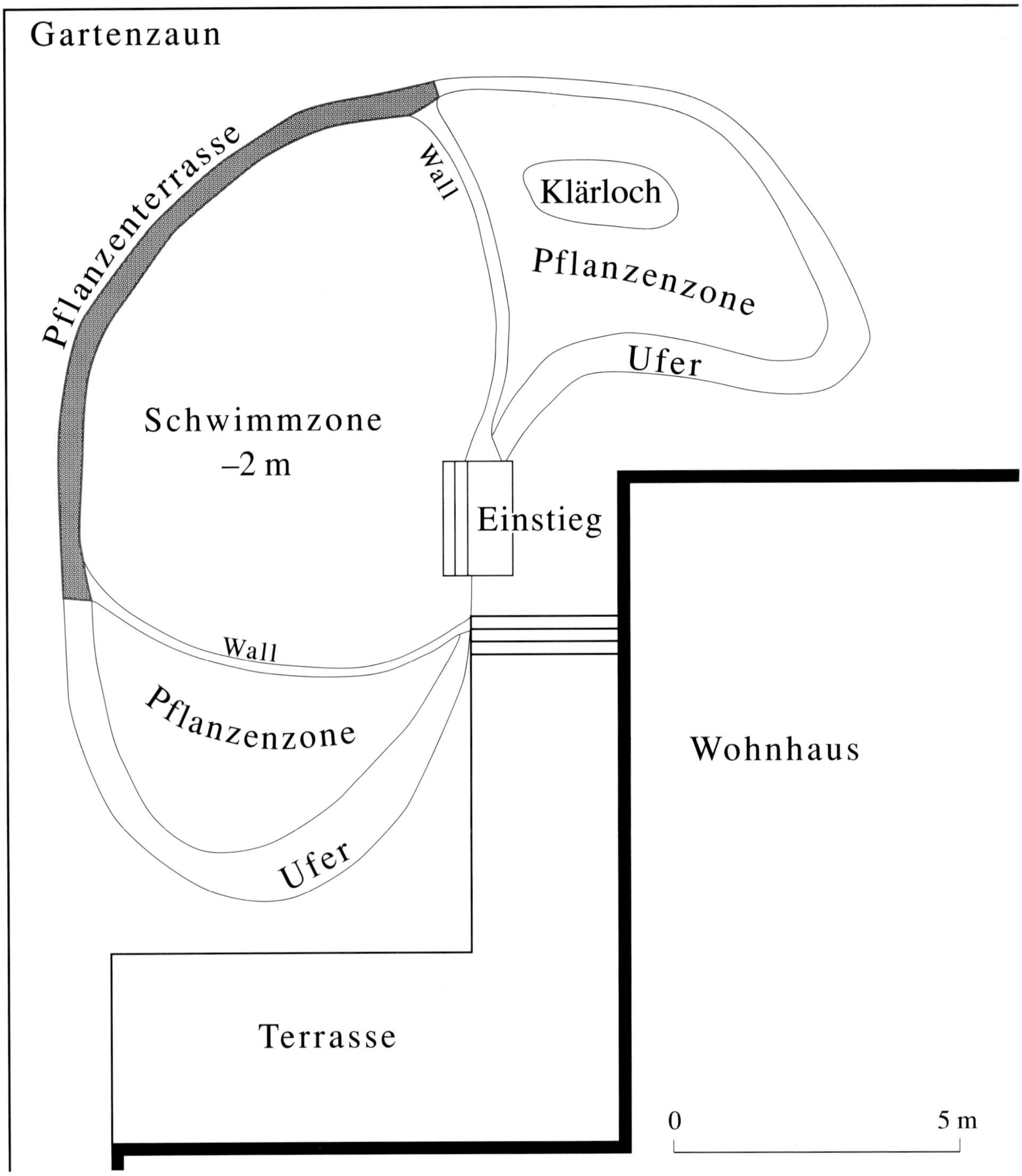

der Ästhetik, nämlich im Pflanzenbereich selber. Wenn man auf (nahezu) alles an Pflanzen verzichtet, das man um der Schönheit willen gerne hätte, und statt dessen ausschließlich jene verwendet, deren Klärwirkung (und Wuchern) am größten ist, läßt sich der Anteil der Pflanzenzone noch etwas verringern.

Doch eine solche Kombination von Schwimmzone mit Klärbecken führt schon etwas weit weg vom naturnahen Schwimmteich mit all seinen Reizen. Immerhin: wenn's anders nicht geht, ist auch diese Lösung zum Trost noch vorhanden. (Zudem gibt's noch eine Hilfe, die anläßlich der Wasserläufe behandelt wird – siehe Seite 70.)

Und ein anderer Trost gilt in kleinen Gärten immer: Es bleibt soviel wie gar kein Rasen mehr zum Mähen übrig.

VOM BAUPLAN ZUM PFLANZENPLAN

Wie groß nun der Teich auch wird: einiges bleibt noch zu bedenken.

So sollte man sich daran erinnern, daß eine Beschattung – bis zu einem Drittel der Teichoberfläche – günstig wäre. Sie muß aber nicht sein und kann durch eine größere Anzahl von Schwimmblattpflanzen – etwa Seerosen – ersetzt werden.

Beachtung der Windrichtung

Daran schließen sich noch Überlegungen allgemeinerer Art. Fast überall gibt es eine besonders häufige Windrichtung. Dadurch wird alles, was auf der Wasseroberfläche herumschwimmt, wie Blütenstaub oder Blätter, immer wieder zu einem Ufer getrieben. Es ist nützlich, dieses flach und schottrig zu halten, da auf solche Art eine – gewissermaßen mechanische – Klärung begünstigt wird (wie auch in der Natur). Genauso zu empfehlen ist – im Wasser vor diesem Ufer – ein Dickicht von Schilf und Binsen, darin sich ebenfalls vieles verfängt. Im tieferen Bereich ist hier auch der beste Platz für das „Klärloch“, in der sich die größeren Unterwasserpflanzen befinden. In dieser Zone wird nicht nur viel abgelagert, das sich dann zersetzt, sondern es kommt durch den Wind – vor allem in einer abgerundeten Bucht – hier auch zur größten Strömungsgeschwindigkeit. Diese sorgt dafür, daß der im „Klärloch“ besonders reichlich produzierte Sauerstoff rasch verteilt wird.

Die Bepflanzung des Klärlochs

Das „Klärloch“ ist die Vertiefung, in die man jene besonders nützlichen Unterwasserpflanzen setzt, welche am höchsten werden: also etwa das Glänzende Laichkraut und das Tausendblatt. Man setzt sie in etwa dreißig Zentimeter Abstand voneinander; sie werden bald dichter und wachsen bis an die Wasseroberfläche, über die sie nur ihre – eher unscheinbaren – Blüten ragen lassen. Zwischen den beiden genannten Arten kann man noch die Kanadische Wasserpest setzen, die eher in Bodennähe bleibt und dichte Polster bildet; sie kommt mit weniger Licht aus und ist daher hier ebenso geeignet wie unter Seerosen.

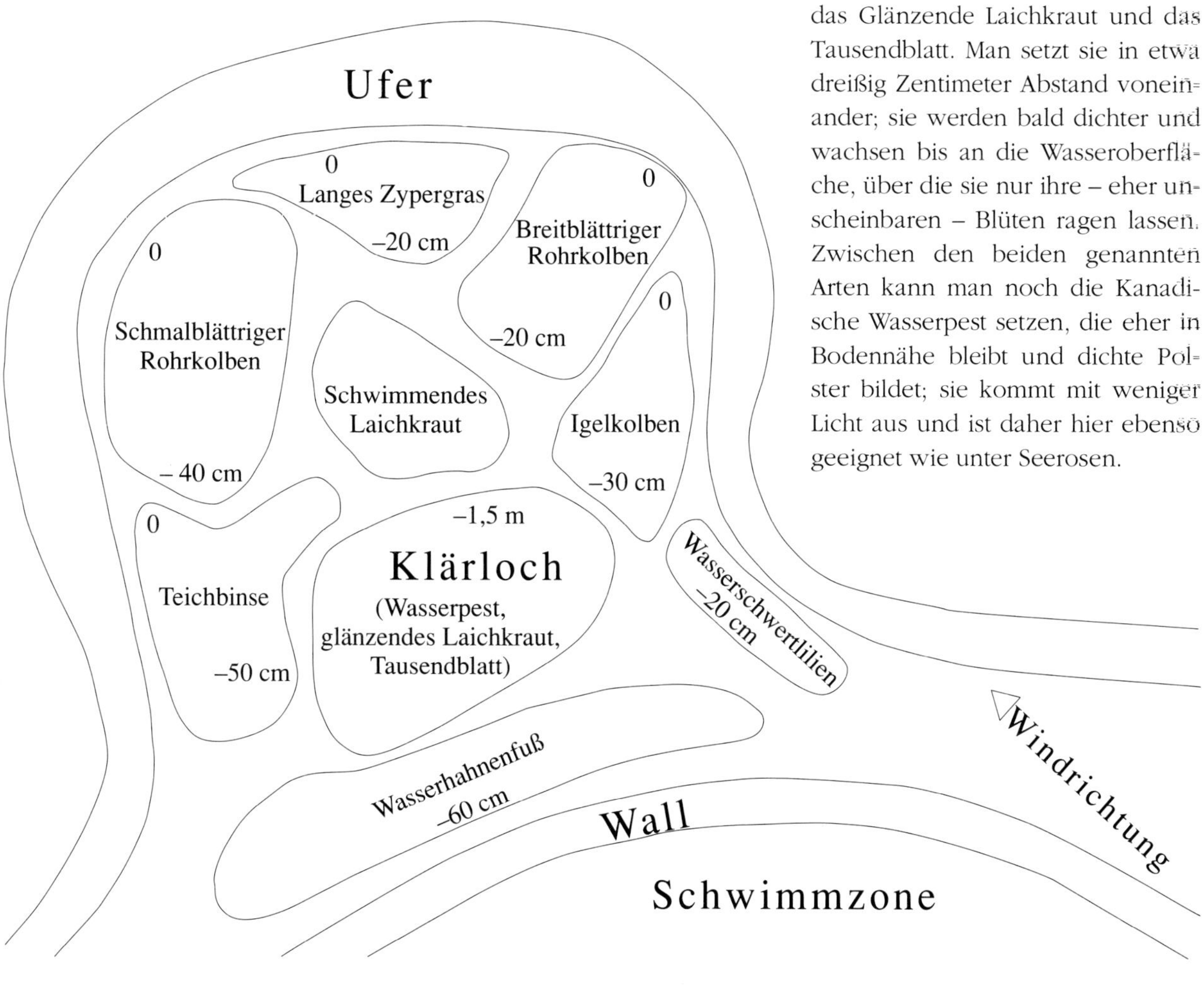

Bis zu einem gewissen Grad verhindert die Gestalt des Loches mit mehr oder minder senkrechten Wänden auch, daß sich diese wuchernden Pflanzen in der Umgebung ausdehnen. Allerdings wird es beim eventuellen Rückschnitt der Pflanzen oder beim Algenfischen schon manchmal passieren, daß man ein Stück abreißt (die Unterwasserpflanzen sind alle sehr weich, da sie kein Stützgewebe benötigen). Dieses schwimmt dann frei herum, bewurzelt sich, auch wenn es nur wenige Zentimeter lang ist, und verankert sich irgendwo, um den Anfang eines neuen Bestandes zu bilden.

Ein Sitzplatz am Teich

Wo der Wind am häufigsten hinweht – wie in die Bucht auf obiger Zeichnung –, wird man kaum seinen bevorzugten Sitzplatz einrichten.
Was nun diesen betrifft, denkt man vielleicht an die Nordseite des Teiches: Dort bekommt man die Sonne vom Süden doppelt ab, nämlich nicht nur von oben, sondern auch von der Wasseroberfläche gespiegelt; und solange im Wasser keine Bäume wachsen, wird sich dort niemals Schatten einstellen.
Das mag aber manchen gar nicht oder nur im Frühjahr behagen; also wird man auch nach einem beschatteten Gartenplatz nahe am Teich suchen oder diesen das ganze Jahr über bevorzugen.
Und es ist absolut nützlich, darüber schon vor der endgültigen Anlage des Teiches nachzudenken.
Denn wo man dann am Wasser sitzt, will sich gewiß niemand die Aussicht durch eine Schilfwand verstellen. Ganz im Gegenteil: an diesem einen oder den zwei Orten, die am häufigsten benützt werden, sollte sich die größte Vielfalt an hauptsächlich niedrigen, blühenden Pflanzen befinden, so daß das ganze Jahr über immer wieder andere Blüten überraschen – über die hinweg man auf die gesamte Anlage blickt.
Um aber das zu erreichen, braucht man sowohl im seichten Wasser wie auch außerhalb auf dem Ufer Platz; daher ist ein sanftes Ansteigen des Terrains von größerer Tiefe – das können sechzig oder achtzig Zentimeter sein – über mehrere Meter bis zum Ufer ideal. Die größte Artenvielfalt gedeiht zwischen einer Tiefe von höchstens vierzig Zentimeter und dem Ufer neben dem Wasser. Wenn man diesen Bereich nicht in entsprechender Ausdehnung vorbereitet, bringt man sich um erheblichen Genuß; denn sonst könnten die schönsten Raritäten ausgerechnet dort wachsen, wo man sich am wenigsten aufhält.
Im folgenden ein Beispiel, wie man sich in einer Zone, die schön ausfallen soll, mit der Bepflanzung liebevoll spielen kann.

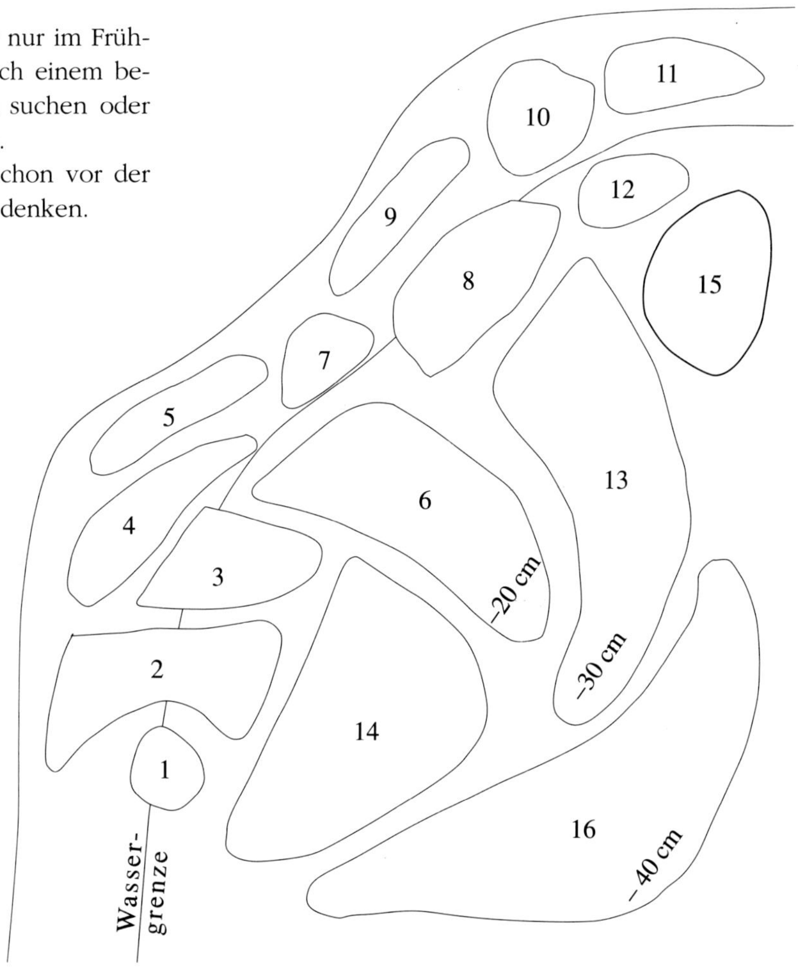

1 – Blutweiderich
2 – Sumpf-Vergißmeinnicht
3 – Pfennigkraut
4 – Sibirische Schwertlilie
5 – Schachbrettblume
6 – Pfeilkraut
7 – Scheinzypergras-Segge
8 – Bachbunge
9 – Sumpfgladiole
10 – Morgenstern-Segge
11 – Becherglocke
12 – Wasserminze
13 – Hechtkraut
14 – Schwanenblume
15 – Aufrechte Segge
16 – Igelkolben
Und natürlich gibt's noch viel mehr – sowohl Pflanzen als auch Ufer- und Seichtwasserzonen, wo man sie braucht.

Wohin das Auge blickt

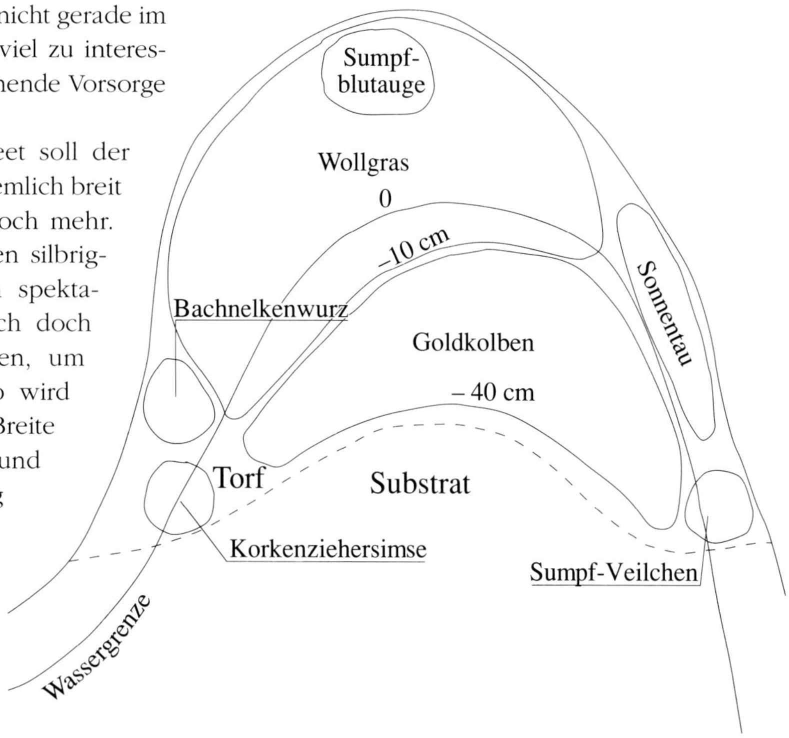

Ähnliches gilt fürs Moorbeet: Es sollte nicht gerade im Verborgenen gedeihen – dafür ist es viel zu interessant und schön. Und auch hier ist planende Vorsorge angebracht.
Denn ganz besonders beim Moorbeet soll der Uferstreifen außerhalb des Wassers ziemlich breit sein – vielleicht einen Meter oder noch mehr. Schließlich ist das Wollgras mit seinen silbrigglänzenden Bäuschen ein erheblich spektakulärer Anblick – aber es sollte sich doch über einige Quadratmeter ausdehnen, um voll zur Wirkung zu kommen. Also wird man für das Moorbeet auch eine Breite von zwei oder drei Meter ansetzen; und es reicht vom Ufer bis zu etwa vierzig Zentimeter Wassertiefe.
Außer dem Wollgras wachsen hier – und außerhalb des Wassers – noch andere Pflanzen: So etwa wird die Bachnelkenwurz im säuerlichen Boden viel größer und blüht auch reichlicher, ebenso das Sumpfblutauge. Besonders auffällig ist auch die Korkenziehersimse, die nur im Moorbeet üppig gedeiht. Und dazu kann man noch andere Pflanzen suchen, die gar nicht für den Teich, sondern eben für das Moor typisch sind – etwa die fleischfressenden Sonnentaugewächse oder das sehr selten werdende Sumpfveilchen.
Das Wollgras wächst auch teilweise ins Wasser hinein, bis zu zehn oder zwanzig Zentimeter Tiefe (welcher Unterschied sich auch durch den kaum immer gleichbleibenden Wasserstand ergibt). Von dort bis zu vierzig Zentimeter Tiefe nun ist die ideale Zone für den Goldkolben, der durch seine hohen, gelben Blüten schon im Mai kräftig auffällt; die dichten, blaugrünen Blätter hingegen bleiben das ganze Jahr über besonders reizvoll.
(Wie man das Moorbeet richtig anlegt, wird bei der Teicherrichtung auf Seite 78 beschrieben.)
Es ist überhaupt ratsam, den Teich – noch bevor es ihn gibt – in Gedanken mehrfach zu umkreisen. Denn schließlich ist er aus geradezu unendlich vielen Perspektiven zu betrachten – vielleicht auch aus den Fenstern des Hauses, zu ebener Erde und im ersten Stock. Dazu ist auch ein buntes Bauband, das man – ersten Entwürfen entsprechend – im Gras auflegt (und vielleicht mit kleinen Erdankern befestigt), sehr hilfreich. Denn damit sind zumindest die Dimensionen ein erstes Mal in die natürliche Größe übertragen; und das hilft natürlich dem Vorstellungsvermögen.
Denn es gibt noch eine ganze Reihe von Fragen, die man sich stellen kann. Wenn etwa die Straße oder ein Nachbar recht nahe sind, könnte man sich gegen diese Richtungen einen gewissen Blickschutz wünschen. Wo nun hohes Schilf bis ans Ufer reicht, ist es sinnvoll, die – vom Neigungswinkel bestimmte – Minimaldistanz zum Wall und damit zur Schwimmzone zu wählen. Denn von einer Pflanzenpracht sähe man durchs Schilf sehr wenig – sie wäre nur schwimmend erreichbar. An solchen Orten sollte man besser nützliche Klärpflanzen einsetzen.
Doch gibt es auch das umgekehrte Problem: von wo und wohin man sich die Aussicht auf keinen Fall verstellen lassen will. Das mag etwa für besonders dekorative Teile des Gartens gelten, die – vom bevorzugten Sitzplatz aus gesehen – jenseits des Teiches liegen. Hier reizvolle Durchblicke zu schaffen ist sicher lohnend.

Der Einstieg in den Schwimmbereich

Und noch steht eine der wichtigsten Entscheidungen aus: nämlich wo man den Einstieg in den Schwimmbereich haben und wie man ihn gestalten will.

Als Ort wird meist eine zu Haus und Terrasse nahe gelegene Stelle gewählt; oder auch neben einem Gartenhäuschen, darin man sich umkleiden kann. Jedenfalls ist es nicht unbedingt günstig – falls man etwa noch eine Sauna hat, wodurch der Teich auch in der kühleren Jahreszeit sehr benutzbar wird –, wenn der Weg durch den Garten zu lang ist. In der Nähe des Hauses wiederum ist zu bedenken, daß zumindest die Hausfrau nicht allzu begeistert sein wird, wenn alle zum Umkleiden naß durchs Wohnzimmer laufen – das ja meistens auf die Terrasse hinausführt.

Hier gilt es also ebenfalls, einiges zu überlegen, ehe man die endgültige Entscheidung trifft.

Für die Gestalt des Einstieges, wenn die Schwimmzone in der Mitte des Teichs liegen soll, braucht man einen breiteren Steg oder eine hölzerne Plattform, die bis zum Wall reicht: Dort wird dann die Treppe befestigt. Da hier erfahrungsgemäß vor und nach dem Baden gerne herumgelümmelt, gesessen oder gelegen wird, ist es schön, wenn die Pflanzenzone zu beiden Seiten abwechslungsreich gestaltet ist, wobei auch einiges – gewissermaßen zur Abdeckung – höher heraufwachsen kann: etwa horstbildende Binsen oder Seggen oder auch, näher am Ufer, die Schwanenblumen sowie die großen Wasserschwertlilien.

Wenn man sich nach dem Schwimmen träge von der Sonne trocknen läßt, macht man – unbeabsichtigt – die meisten Beobachtungen: weil man eben ins Wasser glotzt, einem Schwimmkäfer zuschaut, den Kaulquappen oder einem jungen Fröschlein. So ist der „Einstieg“ viel mehr als das, nämlich ein Ort, wo man sich immer wieder in besonderer Intimität zum Teich befindet, und gar nicht nur des Badens halber. Das sollte bei der Gestaltung vor allem auch der Umgebung von Anfang an berücksichtigt werden.

Der Bau selbst ist eine rein technische Angelegenheit: Man braucht im Erdreich außerhalb des Teichs zwei Punktfundamente und nochmals zwei im Wasser, ein Stückchen vor dem Wall; diese beiden letzteren müssen natürlich bis über die Wasserhöhe mit Folie umkleidet werden. Auf Trägern, die in die Punktfundamente einbetoniert sind, wird dann die Plattform montiert.

Bei der Treppe ist vor allem zu beachten, daß sie nicht bis auf den Grund der Schwimmzone reichen, also die Folie nirgends berühren sollte. Ihre Stabilität verdankt sie ausschließlich der Verankerung am Podest, wofür es jedoch einfache Konstruktionen gibt. Als Material ist am ehesten Lärche anzuraten, die jedoch – vor allem bei der Treppe im Wasser – nicht imprägniert sein sollte; wegen ihres hohen Harzgehaltes bleibt ihre Haltbarkeit ohnehin ziemlich lange gewährleistet.

Falls die Schwimmzone schon direkt am Rand beginnt, müssen eben alle Punktfundamente in der Erde

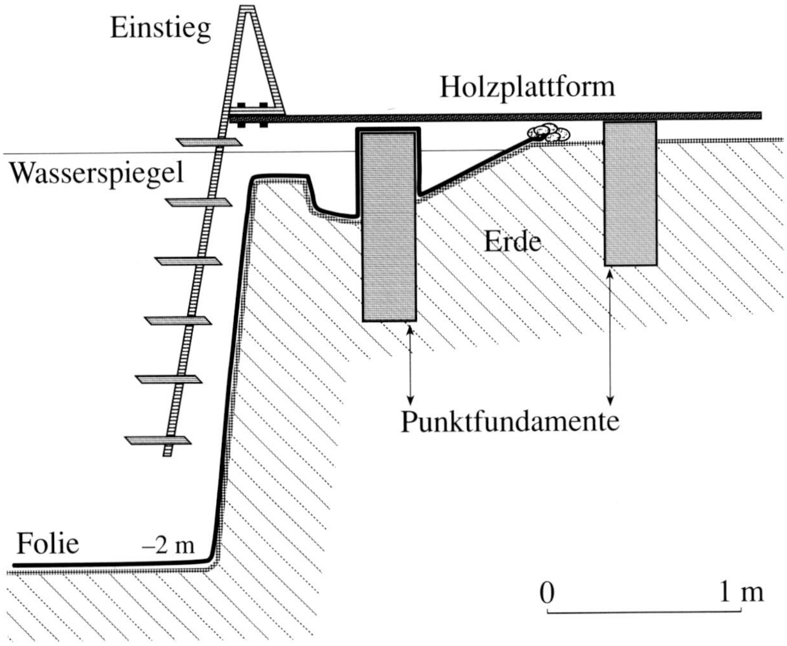

außerhalb des Teichs gesetzt werden; sonst ändert sich nichts. Allerdings sollte man trachten, wenigstens zu seiten der Plattform kleine Pflanzenzonen einzurichten – nur des Anblicks halber. Oder man könnte, falls rechts und links des Podestes die Folie zu sichtbar ist, eine kleine Unterwasserterrasse vorsehen, die man etwa mit Zebrabinsen oder anderen dekorativen Pflanzen besetzt.

Ein Weg rund um den Teich

Und zum Abschluß dieses Kapitels: Vielleicht ahnen Sie noch nicht, wie gern und häufig Sie später rund um den Teich gehen werden, um zu schauen, was sich da alles tut. So werden unzugängliche Stellen unweigerlich zum Ärgernis. Planen Sie beizeiten den Weg, den Sie noch so oft gehen werden.

Aufbauten auf der Folie

Die Treppe des Einstiegs müßte nicht unbedingt – unter Wasser – frei schweben. Man kann die Folie von oben nochmals so schützen wie von unten, etwa mit mehreren Lagen Vlies, und dafür sorgen, daß der Druck glatt verteilt wird. Dann läßt sich nicht nur eine Holztreppe, die auf einer flachen Unterlage aufliegt, auf dieser abstützen – man könnte sogar die ganze Treppe von unten her auf der Folie aufbetonieren, vielleicht mit Natursteinen, was zu einem solchen Teich besser passen mag als reiner Beton.

Es läßt sich vieles machen, ohne daß es technisch besonders schwierig wäre: etwa eine Insel für die Vögel und Amphibien – wo sie ihre Ruhe haben. Oder eine Insel mit einem (früher) sogenannten „Lusthaus", einem Pavillon, der über einen Steg zu erreichen ist; wo man dann von Wasser umrundet sitzt und vielleicht wie Goethe anläßlich des Besuchs einer jungen Nichte zu Eckermann meinen könnte, daß dieser jetzt nach Hause gehen möge, da man – in der Gartenlaube – den Tee zum Schlage der Nachtigallen mit dem Fräulein allein nehmen möchte.

Wie schon beim Wall wird die Bauweise von der natürlichen Festigkeit des Untergrundes und der erwarteten Belastung abhängen. Unter Umständen kann man den Sockel einer Insel schon beim Graben stehen lassen und mit Folie überziehen, die auch einbetonierte Punktfundamente umgibt, auf denen man den Pavillon errichtet. Über der – unter der Wasseroberfläche liegenden – Folie dieses Sockels lassen sich dann Steine mit Erdreich türmen, die entsprechend bepflanzt werden.

Im Grunde sind der Phantasie kaum Grenzen gesetzt. Manchen gefällt auch nicht, daß man, von der Oberseite des Walls angefangen, im gesamten Schwimmbereich die Folie sieht.

Daß sich das Band der dreißig bis fünfzig Zentimeter breiten Oberfläche des Walls durch das Auflegen mit größeren Steinen bedecken läßt, ist wohl selbstverständlich; eher flache Steinplatten sind natürlich am besten geeignet. Etwas schwieriger ist es schon, die Wände sowie den Boden des gesamten Schwimmbereichs mit Steinen zu verkleiden. Der Schutz der Folie muß in diesem Fall extrem sorgfältig sein, da ein enormes Wassergewicht auf ihr lastet und absolut vermieden werden muß, daß eine scharfe Ecke oder Kante hindurchdringt. Aber es ist möglich – und auch schon mehrfach geschehen –, den Innenwall zur Gänze mit einer Natursteinwand zu verkleiden; und ebenso den Boden mit Beton auszugießen, in den man Natursteinplatten fügt.

Eine schlechte Idee hingegen wäre es, den Boden mit schönem – natürlich nur rundem – Kies zu belegen. Da sich im Laufe der Zeit auch hier Schlamm ablagert, wird die – in mehrjährigem Abstand erforderliche – Reinigung des Bodens bei Kies mehr oder minder unmöglich. Es kommt zu einer unweigerlichen Verschlammung, wobei der steinige Untergrund es vielen Unterwasserpflanzen – Laichkräutern, Teichfaden, Tausendblatt etc. – sehr erleichtert, sich dort zu verwurzeln. Statt also durch den Kies eine erwünschte „Sauberkeit" erreicht zu haben, wird man in spätestens drei Jahren durch wuchernde Pflanzenüppigkeit schwimmen müssen – deren man erst endgültig Herr wird, wenn man diesen Untergrund wieder zur Gänze entfernt: was bei zwei Meter Wassertiefe alles andere als ein Vergnügen ist.

Doch abgesehen von dieser Fehlidee: Wieviel man über der Folie in den Teich hineinbaut und betoniert, ist vor allem einmal eine Geschmacksfrage. Und auch bei gewünschter Naturnähe ist die Frage nicht leicht zu entscheiden, ob nun der Anblick der Folie oder des Betons störender ist.

Aber eines ist klar: Die Folie ist unerläßlich, und von ihrer Dichtigkeit hängt die Lebensdauer des Teiches ab. Jede zusätzliche – also für das biologische Funktionieren nicht nötige – Belastung schafft ein Risiko; und sei dieses noch so klein. Bei tonnenschweren betonierten Bauten, die aus dem Teich ausgeräumt werden müßten, falls es irgendwo eine Lücke geben sollte, kann einen leicht das Grauen packen. (Jemand, der sich einen großen Teich mit gewaltigen Steinaufbauten über der Folie selbst errichtet hatte, sagte uns nach seiner monatelangen Schwerarbeit und vor dem ersten Einlassen mit Wasser: Er würde die ganze Anlage zuschütten, falls sich herausstellen sollte, daß er die Folie irgendwo beschädigt hätte.)

Zumindest dieses Risiko sollte jedem bewußt sein, bevor er sich dazu entschließt.

Quellen und Wasserläufe

Ganz anders sieht die Frage nach „Quellen“ oder sogenannten „Quellsteinen“ sowie Wasserläufen aus. Das Grundprinzip dabei ist immer, daß Wasser aus irgendeinem tieferen Bereich des Teiches abgepumpt und auf einem Umweg wieder an die Oberfläche zurückgeführt wird. Dabei soll eine Säuberung sowie eine Anreicherung mit Sauerstoff stattfinden.
Die Säuberung läßt sich natürlich mit Filtern herstellen, durch die das Wasser läuft, bevor es wieder irgendwo „entspringt“, um in den Teich zu fließen. Die natürlich-mechanische Klärung hingegen, wie sie etwa in einem über Geröll dahinsprudelnden Bach stattfindet, würde für einen Schwimmteich mit rund zweihundert Quadratmeter Oberfläche einen Bachlauf von mindestens hundertfünfzig Meter Länge mit dem entsprechenden Gefälle erfordern – ist also unter den allgemein üblichen Bedingungen völlig illusorisch. Die üblichen drei bis zehn Meter Länge eines „Bachlaufs“ mit einem Minimalgefälle fürs Fließen leisten bei der Wasserklärung also einen fast bis gänzlich vernachlässigbaren Beitrag.
Über die Anreicherung mit Sauerstoff wurde schon gesprochen: Sie findet an allen bewegten Wasseroberflächen statt. Wie sinnvoll sie für den Teich ist, hängt aber von zwei anderen Faktoren ab: ob nicht ohnehin genug Wasserpflanzen vorhanden sind, um hinreichend Sauerstoff zu produzieren; und ob die Wassertemperatur überhaupt eine Anreicherung mit mehr Sauerstoff zuläßt. Die Antwort darauf können nur genaue Messungen ergeben.
Immerhin läßt sich dazu noch eine rein logische Feststellung treffen: Man liebt vielfach das Geplätscher eines Quellsteins oder Wasserfällchens untertags; über Nacht wird das abgeschaltet. Wenn man dazu noch eine Solarpumpe verwendet, geschieht dies automatisch: Das Wasser sprudelt nur bei hellstem Sonnenschein. Genau dann aber produzieren die Wasserpflanzen ohnehin am meisten Sauerstoff. In der Nacht hingegen verbrauchen sie welchen: Um ihre Lebensprozesse aufrechtzuerhalten, „atmen“ sie. Also kann es gerade dann, wenn man ausreichend viele Wasserpflanzen hat, vor dem Morgengrauen zu einem gewissen Sauerstoffmangel kommen (sowie zu einem Überschuß an Kohlendioxyd, das „ausgeatmet“ wurde). Dieses Verhältnis kehrt sich am folgenden sonnigen Tag wieder um – und schadet überhaupt keinem pflanzlichen oder tierischen Lebewesen. Allerdings ergibt sich daraus, daß der Quellstein oder Wasserfall in der zweiten Nachthälfte am nützlichsten wäre – zu welcher Zeit ihn wohl kaum jemand einschaltet.
Wir meinen, daß eine hinreichende Anzahl von Wasserpflanzen noch immer die beste (und billigste) Lösung bleibt.
Womit das Thema aber noch keineswegs erledigt ist. Denn erstens kann man mit sprudelndem Wasser und einem Bachlauf sehr schöne Elemente in einen Garten bringen. Das ist eine rein ästhetische Frage, und Lösungen dafür gibt es so viele, wie in der eigenen Phantasie Platz haben. Auch der Bachlauf läßt sich über eine Schwelle mit einem Moorbeet verbinden; oder mit einem Stück magerer Feuchtwiese, wo vom Frühling mit Schachbrettblumen bis zum Spätsommer mit Prachtnelken und Blutweiderich alles mögliche blüht. Und natürlich spricht nichts dagegen, sich dieses Vergnügen zu leisten.

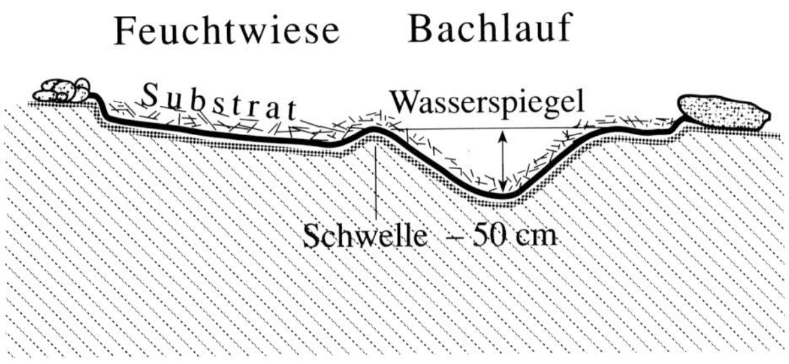

Zum anderen aber kann der Bachlauf auch eine zusätzliche Hilfe für den Schwimmteich im zu kleinen Garten sein. Denn wo selbst ein „Ohr“ nicht mehr Platz hat, kann immer noch ein Bächlein mäandern. Nur dürfte es dann nicht geradewegs über Schotter nach wenigen Metern ins Hauptgewässer zurückkehren: Es sollte durch kleine, mit Steinbarrieren abgegrenzte Becken fließen, die ohne weiteres vierzig oder fünfzig Zentimeter tief sein können und vor allem mit besonders klärenden (niederwüchsigen) Wasserpflanzen besetzt sind – etwa mit Krausem Laichkraut und Kanadischer Wasserpest oder, da es sich schon um ein Fließgewässer handelt, mit dem Flutenden Laichkraut.
So läßt sich wieder ein Ersatz für fehlende Quadratmeter im Pflanzenbereich schaffen. Zudem hindert nichts daran, das Ufer durch schönere Pflanzen zu bereichern – oder, nach obigem Beispiel, etwa durch ein Fleckchen Feuchtmagerwiese auszuweiten.
Welche Art von Wasserlauf man nun auch plant: Für die Pumpe muß außerhalb des Teiches ein kleiner Pumpenschacht vorgesehen werden, womöglich direkt neben dem Bächlein – denn dann lassen sich die Leitungsschläuche bequem unter der Folie verbergen. (Außerdem wäre eine Pumpe im Schwimmteich selbst verboten – da es durch einen Defekt zu Stromstößen kommt, die für Menschen mit Herzschaden durchaus letal sein könnten.)

Im Grunde sind bei einem so variablen Gebilde, wie es der Schwimmteich darstellt, weder den Überlegungen noch gar den Ideen eindeutige Grenzen gesetzt; selbst Beschränkungen des Raums fördern unter Umständen die Phantasie.
Und gerade das sollte auch zu der besonderen Befriedigung führen, daß dieses „Produkt" Teich – wie wahrhaftig wenig anderes in unserer Zeit – ein ganz und gar individualistisches ist: maßgeschneidert wie einst die Kleider und Anzüge, aber statt von einer Mode nur noch von persönlichen Bedürfnissen, Ansprüchen und Bedingungen bestimmt. Daher sollte Ihnen Ihr Teich auch besser passen als alle Konfektionsware von der Stange.
Diese braucht man auch nicht so gründlich zu bedenken wie etwas, an dessen Schöpfung man ununterbrochen Anteil hat – sei es wünschend oder gestaltend.

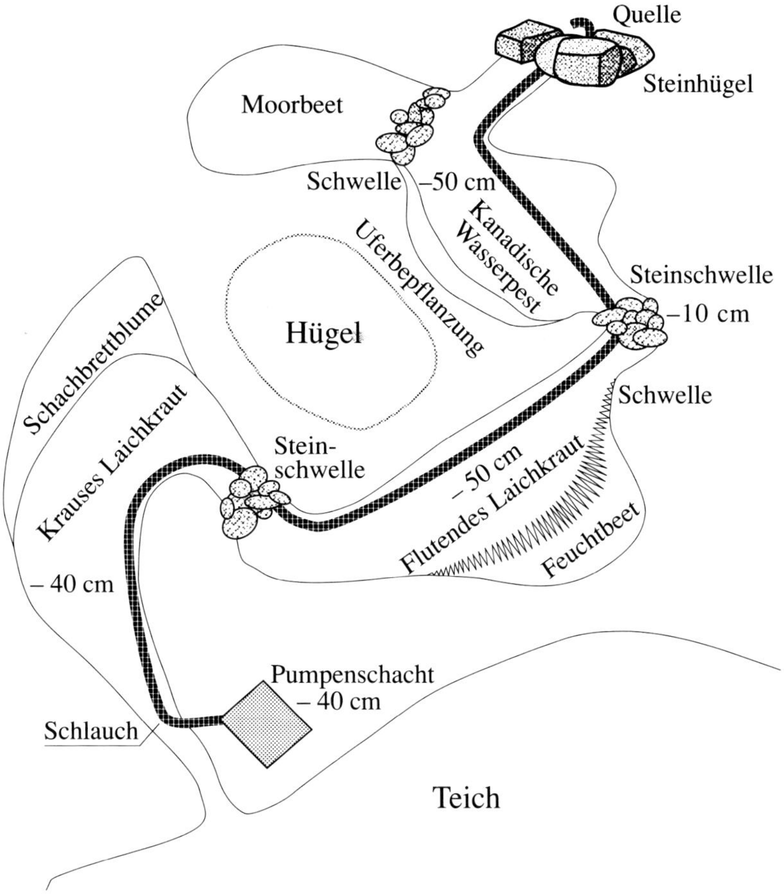

Vom Teich zum Garten

Erst davon ausgehend, soll eine zusätzliche Überlegung angeschlossen werden: Nicht nur das Funktionieren, sondern auch der Charakter eines solchen Teiches ist weitgehend von einheimischen Wildpflanzen geprägt. Während sie anderswo aussterben, werden sie hier wirkungsvoll und harmonisch eingesetzt; und überleben dadurch.
Sie unterscheiden sich grundlegend von den Pfingstrosen und Dahlien, die man beim Gärtner für die Blumenrabatte kauft; und erst recht vom geschorenen Einheitsrasen. Und die Götter mögen verhüten, daß es – dermaleinst – auch für alle Wasserpflanzen so künstliche Hybriden geben wird. (Immerhin sind die mehrfach gefüllten und auch umgefärbten Sumpfdotterblumen bereits zur Realität geworden, ebenso höchst seltsame Trollblumen, denen man nur noch mit ihren Blättern gestattet, an die natürliche Form zu erinnern.)
Wildpflanzen sind meistens nicht nur, wie mehrfach betont, an ärmere Standorte gewöhnt; sie lesen auch keine Gärtnerei-Handbücher. Sie sind zarter, eleganter und vitaler zugleich als die gezüchteten Sorten – und ihr Nebeneinanderleben in der Vielfalt stärkt sie gegenseitig in ihrer Resistenz (vor allem gegen Krankheiten), gleichzeitig lassen sie keinen Vorteil ungenützt. Sie sind unglaublich robust, vor allem Wettereinflüssen gegenüber – und lassen es nicht zu, gemaßregelt zu werden. Manchmal ist unverständlich, warum sie gedeihen oder verschwinden. Manchmal überwältigt ihre Konsequenz im Sinnlichen, die sichtbare Freude des Wucherns. Dann rührt ihre scheinbare Fragilität.
Das alles bestimmt den Teich – bis an seinen äußersten Rand.
Und danach? Wie geht es dort dann weiter?
Vielleicht mit Rasenziegeln?
Daß hier im allgemeinen ein Bruch vorliegt, ist klar und sichtbar.
Der einfachste gemeinsame Nenner aller Gärten ist ihre Überdüngung und die Künstlichkeit der dafür gezüchteten Pflanzen.
Vielleicht sollte der Teich Anlaß geben, auch über seine unmittelbare Umgebung nachzudenken. Könnte man nicht langsam rundum – vielleicht um wenige Meter im Jahr – den Rasen durch eine Wildblumenwiese ersetzen? Und könnte man nicht, wo man außerhalb des Schilfs eine Hecke braucht, an jenes schöne Buschwerk denken, das die Gärtner leider

kaum noch verkaufen: Schlehe, Pfaffenhütchen, Heckenkirsche, Kreuzdorn, Wolliger Schneeball, (wilder) Liguster, Kornelkirsche usw.?
Der Teichbesitzer würde die Folgen schnell merken: Während die üblichen Thujahecken fast leblos sind, entwickelt sich in einem vielfältigen Gebüsch aus heimischen Gewächsen so unerhört abwechslungsreiches Leben, daß er alleine beim Zuschauen, wie viele Vögel ans Ufer trinken und baden kommen, kaum noch den Überblick behält.
Uns scheint es zum Erfordernis eines Teiches zu gehören, auch außerhalb seiner Grenzen für immer mehr Lebenskreisläufe die Grundlagen zu schaffen.
Eine ebenso einfache wie wirkungsvolle Methode ist es zum Beispiel, einen Teil des Aushubs zu benützen, um Erdwälle aufzuschütten. Sie strukturieren den vielleicht vorher einheitlichen Garten in Kleinlandschaften, die nach jeder Wegbiegung erneut überraschen können. Vor allem aber wird ein so aufgeschüttetes Material rasch ausgewaschen; und das Wasser wird immer wieder ablaufen. So entsteht viel schneller als bei der Umwandlung einer Fettwiese ein trokkener Magerrasen, auf dem die seltensten und teilweise prächtigsten Pflanzen – wie etwa ein Teil der heimischen Erdorchideen – geradezu dankbar gedeihen (bei entsprechendem Kalkgehalt im durchlässigen Boden).
Das ist natürlich nicht das Thema dieses Buches.
Doch wollen wir Sie recht absichtsvoll mit der Frage zurücklassen, ob Sie wirklich wünschen, daß die Überlebenschance gefährdeter Wildpflanzen am Ufer Ihres Teiches zu Ende ist.

LETZTE VORBEREITUNGEN

Der Bauplan

Vielleicht erschwert es gerade die Vielzahl der Möglichkeiten, rasch und leicht zu einem endgültigen Ergebnis zu kommen; ein einfältiges Rechteck ist müheloser in den Garten zu plazieren.
Aber irgendeinmal muß, wie bei jedem Werk, das Bedenken und Zögern den Entscheidungen weichen; und dann geht es an die Verwirklichung.
Als erstes muß der Plan fertiggestellt werden – ein einfacher Grundriß und nicht ein Aufnahmepapier für einen Architektur-Wettbewerb. Er gilt vor allem der eigenen Orientierung.
Und nun ist es auch an der Zeit, sich beim zuständigen Gemeindebauamt zu erkundigen, ob eine Bauverhandlung verlangt wird oder nicht.
Bei der Gemeinde können Sie gleichzeitig erfragen, ob und wo es eine Deponie für den Aushub gibt, denn man wird diesen kaum zur Gänze im eigenen Garten verwenden können.
Ihren eigenen Plan brauchen Sie noch für zwei Zwecke. Erstens zur Verständigung mit dem Baggerführer: Da müssen Sie in den Grundriß noch die verschiedenen Tiefen eintragen. Wenn dies zur endgültigen Klarheit nicht ausreicht, helfen noch einige ebenso einfache Profilpläne – wie schon mehrfach in diesem Buch gezeigt. Und schließlich steht man ja daneben und kann zeigen und erklären, worum es geht.
Gar nicht eingegangen wurde bisher allerdings auf die Frage, was man tun soll, wenn für einen Bagger keine Zufahrt in den entsprechenden Teil des Gartens möglich ist. Nun: es gibt auch kleinere Bagger, die sich mit einem Kranwagen über Hindernisse heben lassen; dasselbe muß dann umgekehrt mit dem Aushub geschehen. Das macht die ganze Sache komplizierter und teurer, auch braucht ein kleiner Bagger natürlich länger für die Grabarbeiten. Aber noch immer nicht so lange wie eine Mannschaft, die etwa hundertfünfzig Kubikmeter mit Schaufeln ausheben soll . . .

Der Bepflanzungsplan

Der zweite Verwendungszweck des fertigen Aufrißplanes ist es, die Bepflanzung einzutragen – wie ebenfalls schon auf mehreren Skizzen gezeigt.
Über einzelne Pflanzen wissen Sie ja nach der bisherigen Lektüre schon genügend Bescheid; über andere können Sie sich im letzten Teil dieses Buches orientieren – und werden dabei wohl die eine oder andere Vorliebe entwickeln. Aber zumindest eine Unsicherheit ist noch gegeben: Wie viele braucht man für den ganzen Teich – und welche ganz besonders?
Insgesamt sind für rund hundert Quadratmeter Pflanzenzone – also für einen doppelt so großen Teich – mindestens fünfhundert Pflanzen anzuraten. Das klingt nach sehr viel – und sieht nach dem Setzen nach verblüffend wenig aus. Nun haben vielleicht auch Ihnen schon manche gesagt: Man könne gar nicht sparsam genug setzen, da die Wasserpflanzen dann ohnehin viel zu stark wuchern. Das gilt aber nur für ein viel reicheres Substrat, als es in einem Schwimmteich verwendet wird. Und dazu kommt, daß eine gewisse Pflanzenmenge sehr schnell benötigt wird: um die besonders vielen Nährstoffe aufzuzehren, die in einem frisch gefüllten Teich im Wasser gelöst sind; zudem muß rasch möglichst viel Sauerstoff produziert werden. So kann durch eine zu ärmliche Besetzung die Anfangstrübung sogar um Monate länger dauern, als notwendig wäre.
Daß dabei die reinen Unterwasserpflanzen eine besondere Rolle spielen, wurde schon mehrfach betont – sie sollten rund zehn Prozent der gesamten Pflanzenmenge ausmachen, also ca. hundert Pflanzen (was dann als pflanzliche „Biomasse" einen erheblich höheren Anteil ergibt). Man sollte sie in mindestens fünfzig Zentimeter Tiefe setzen – rund fünf pro Quadratmeter –, es müssen also zehn Quadratmeter für sie vorgesehen sein. Davon wird das „Klärloch" schon etwa die Hälfte ausmachen. Wo es von besonders schönen Pflanzenzonen ins Tiefere geht, sollte man vor allem den Wasserhahnenfuß mit seiner entzückenden Blütenfülle einsetzen.
Natürlich spielen auch andere Pflanzen für die Klärung eine erhebliche Rolle – aber da können Sie sich auf die Gesamtwirkung der Vielfalt verlassen, wenn Sie eine größere Anzahl von Sorten verwenden. Wie nah man im einzelnen Fall die Pflanzen voneinander setzt, hängt natürlich von deren Größe ab – einer sehr kräftigen Seerose, die aus entsprechender Tiefe kommt, wird man rund vier Quadratmeter lassen müssen, während die Zebrabinse zur schönsten Wirkung kommt, wenn man sie dicht setzt.
Der Pflanzenplan soll auch nicht mehr sein als eine grundsätzliche Orientierungshilfe: Man kann hier in

Ruhe über einzelne Fragen – wo man eine Abdekkung oder einen Durchblick wünscht und vieles mehr – nachdenken. Vielleicht kommt es auch noch zu letzten kleineren Korrekturen des an sich schon fertigen Plans, weil man – eben die Pflanzen bedenkend – da eine etwas seichtere, dort eine tiefere Zone haben möchte.
Sehr nützlich ist es auch, auf dem Plan nachzumessen, wie lang das gesamte Ufer ist. Denn der Bereich am Rande des Wassers – knapp darüber und darunter – ist den stärksten Belastungen ausgesetzt: durch Wellen des Windes oder der Schwimmer, aber auch durch stärkeren Regen, der das Substrat ins Wasser spült. Dagegen hilft nur eine möglichst rasche Durchwurzelung. Und das heißt natürlich, daß entlang dieser Linie – gerade am Anfang: alles ist locker, weich und rutschig – sehr dicht gesetzt werden muß: bei kleineren Pflanzen mit kaum dreißig Zentimeter Abstand. So verlangt allein die Uferzone – vor allem, wenn sie etwas breiter ist – eine beträchtliche Pflanzenmenge.
Jetzt kann man anhand des Plans bereits die Liste der benötigten Pflanzen herstellen – nämlich Sorten und Anzahl der Exemplare. Und sollte sich dabei herausstellen, daß es sich, statt der geforderten fünfhundert, jetzt um mehr als sechshundert handelt – ist das weiter nicht schlimm, sondern schöner. Vor allem, wenn es mindestens sechzig Sorten sind – was doch sehr anzuraten ist. Ebenso allerdings, daß man sich mit dieser Liste beizeiten auf die Suche begibt, wo man diese Pflanzen in der entsprechenden Menge erhalten kann. (Sicher nicht aus der Natur – das ist mit Recht strengstens verboten.)

Die Nivellierung des Bodens

Schiefe Wasserspiegel lassen sich auch mit dem besten Willen nicht herstellen. Doch einer noch so flachen Wiese sieht man mit freiem Auge ein kleines Niveaugefälle – das sich nach fünfzehn Meter gehörig auswirken kann – sicher nicht an. Verließe man sich aufs reine Augenmaß, dann könnte es geschehen, daß beim Füllen des Teiches Pflanzen, die für zwanzig Zentimeter Wassertiefe vorgesehen waren, im Freien sitzen oder umgekehrt Feuchtigkeit liebende Landpflanzen gänzlich untergetaucht sind. Auch der Gesamteindruck wäre nicht sonderlich günstig.
Um das zu vermeiden, hilft nur, den Teich – wenn seine Umrisse endgültig feststehen und am besten mit Kalk auf den Boden gezeichnet sind – professionell nivellieren zu lassen. Jede Baufirma verfügt über das entsprechende Vermessungsgerät und über Leute, die damit auch umgehen können – also ist auch das kein wirkliches Problem. Nur darf man es sich nicht ersparen, die Ebene genau festlegen zu lassen – da der Wasserspiegel gar nicht anders kann, als eben zu sein.
Offensichtlicher ist dieses Problem bei einer eindeutigen Hanglage. Doch da wird man die Baufirma gleich weiterbeschäftigen müssen: Wenn eine Stützmauer notwendig ist, muß diese unbedingt statisch berechnet werden, da das Gewicht eines Teiches – mit vielleicht hundertfünfzig Kubikmeter Wasser – sehr groß ist; ebenso wie der Schaden, den ein Abrutschen der Stütze und das Ausfließen der ganzen Wassermenge verursachen könnten.

Das Ausheben der Teichgrube

Bei einigem Glück mit dem Wetter ist die ganze Angelegenheit in weniger als zwei Wochen erledigt.

Einer der wichtigsten Männer des ganzen Unternehmens ist der Fahrer des Baggers. Er muß zuerst einmal sehr genau begriffen haben, welche Aufgabe sich ihm da stellt – und dann sollte er ein Meister, ja geradezu ein Künstler seines Faches sein. Denn er schält die gesamte Form des Teiches – mit Wall und Tiefen, mit Böschungen und Buchten – aus der Erde heraus; und ein Fehler, zum Beispiel am Wall, wäre nicht mehr korrigierbar. Er muß sein wuchtiges und mächtiges Gerät mit der Sicherheit langer Erfahrung und der Präzision eines Chirurgen einsetzen: Nur dadurch ermöglicht er diese einfachste und eleganteste Weise des Teichbaus.

Während er den gesamten Teich mit Ausnahme der flacheren Uferböschung auf jene dreißig Zentimeter Tiefe bringt, welche die Obergrenze des Walls darstellen, hat er durch das Herumfahren mit der schweren Maschine das ganze Erdmaterial darunter – und damit auch den Wall – noch gehörig verdichtet. Nun empfiehlt sich ein neues Vermessen, um den Wall mit Kalk markieren zu können.

Alles Weitere können Sie getrost dem Baggerführer überlassen, sofern er mit Ihren Plänen zurechtkommt. Andernfalls bleibt man in der Nähe und bespricht die einzelnen Partien des Aushubs. Wenn der Fahrer einen großen sowie – für die Feinarbeit – einen kleineren Bagger zur Verfügung hat, wird er die ganze Arbeit – bei einem rund 200 Quadratmeter großen Teich – in mehr oder minder zwei Tagen erledigt haben.

Der Aushub sollte gleichzeitig weggeschafft werden; es spart viel Zeit, wenn der Baggerführer jede volle Schaufel gleich in einen Lastwagen schütten kann, der damit auf die Deponie fährt.

Nach dem Baggern: schon die fertige Form des Teiches mit dem deutlich trennenden Wall zwischen Schwimm- und Pflanzenbereich.

Das Einbringen des Sandes zum Schutz der Folie.

Das Entstehen des seltsamen Teppichlandes mit Vlies.

Am Ende des zweiten Tages sehen Sie im Grunde schon die völlig fertige Gestalt Ihres Teiches vor sich – auch wenn das Ganze vorläufig einer archäologischen Ausgrabung ähnlicher sieht.

Und daß da eine ganz seltsame, teppichartige Landschaft entsteht, braucht einen nicht betroffen zu machen – am nächsten Tag ist sie für immer verschwunden.

Die Glättung des Untergrundes

Nun sieht man sich die geschaffenen Flächen – ob waagrecht oder geneigt – genau an; und nur, wenn man ganz und gar nichts spitz Hervorragendes oder Kantiges findet, kann man auf den nächsten Arbeitsgang verzichten. Sonst – etwa bei scharfen Steinen im Untergrund – bestreut man sämtliche Oberflächen rund fünf Zentimeter hoch mit Sand; das heißt also, daß man einen Kubikmeter für zwanzig Quadratmeter benötigt. Diese Arbeit ist langweilig und mühsam, stellt aber einen sehr entscheidenden Schutz der Folie dar.

Das Verlegen des Vlieses

Jetzt kommt über sämtliche Oberflächen des Teichs das Vlies – als weiterer Schutz für die Folie. Man läßt es üblicherweise von jener Firma verlegen, die man ohnehin für die Folie benötigt.

Das Vlies ist eine wollig-filzige Matte, die, wenn der Druck des Wassers auf die Folie kommt, den Untergrund gewissermaßen dämmt. Ob es einfach oder an manchen Stellen auch doppelt verlegt wird – oder da und dort gar nicht –, braucht Sie im Grunde nicht zu kümmern. Darüber entscheiden die Folienverleger, die ja schließlich auch für die Haltbarkeit garantieren.

Das Verlegen der Folie

Das Verlegen und Verschweißen der Folie selbst ist sicher ebenso wichtig wie die Arbeit des Baggerführers; es ist eine sorgfältige und mühsame Arbeit, oft bei glühender Hitze inmitten lauter schwarzer Flächen.

Daß man nur eine umweltverträgliche Folie – ohne Chlor und Weichmacher, recyclebar, ohne daß giftige Rückstände entstehen – verwenden sollte, wurde bereits betont. Ebenso wichtig ist ihre Stärke: Sie muß 2 mm dick sein, wurzelfest und UV-beständig. Hier darf man wirklich nicht an den Materialkosten sparen. Solche Folien – die obendrein ein hohes Gewicht haben – kann man auch nicht mehr selber verarbeiten; dafür sind eindeutig qualifizierte Spezialisten vonnöten – die dann auf ihre Arbeit Garantie geben.

In der Schwimmzone und über den Wall sollte die Folie ziemlich glatt, womöglich gänzlich faltenfrei verlegt werden – aus rein optischen Gründen (was unter dem Substrat keine Rolle mehr spielt). Und wenn die Schwimmzone fertig ist, empfiehlt es sich auch, diese sofort mit Wasser zu füllen. Dessen Gewicht führt manchmal zu einer Absenkung, wobei aus den umliegenden Bereichen Folie nachgezogen wird – und das sollte besser geschehen, solange sie dort noch nicht fertig verschweißt oder gar bereits mit dem Substrat bedeckt ist. Natürlich ergibt sich dabei auch gleich eine erste Dichtigkeitsprobe.

Sonst kommt es nur doch darauf an, die Folie überall am Rand um etwa einen halben Meter überstehen zu lassen; genau abgeschnitten kann sie erst nach der Fertigstellung des Uferbereichs werden, am besten mit einem sehr scharfen Messer.

Das Einbringen des Substrates

Dann könnte man gleich beginnen, das Substrat in den Pflanzenbereich zu schaufeln. Zuerst aber empfiehlt es sich, jene Stellen zu markieren – oder, wie erwähnt, mit Steinen einzufassen –, wo eine fruchtbare Erdmischung vonnöten ist: für Seerosen, die Wasserähre, die Schwanenblume u. a. Für das Moorbeet muß man den Torf sehr gut befeuchten, damit er später im Wasser nicht aufschwimmt; das besorgt man am besten über mehrere Tage mit der Gießkanne. Dann wird das ganze Moorbeet mit lehmiger Erde oder dem Substrat, aus dem man die gröberen Steine entfernt hat, abgedeckt. Überall sonst wird das Substrat gleichmäßig etwa zehn Zentimeter hoch eingebracht.
Das ist sehr viel Arbeit, über die es nicht mehr zu sagen gibt.

Die Bepflanzung

Als nächstes und fast schon zum Abschluß erfolgt die Bepflanzung. Zuerst stellt man die Pflanzen in ihren Töpfchen auf das Substrat – ungefähr so, wie es auf dem Pflanzenplan vorgesehen ist. Aber jetzt, da dieser gewissermaßen in die Natur übertragen wird, lassen sich die Proportionen besser abschätzen; man kann einzelne Pflanzen hin- und herrücken, manches vielleicht noch gänzlich ändern, soweit die Setztiefen übereinstimmen.
Wenn alles stimmt, beginnt man zu setzen. Die Plastiktöpfchen sind im allgemeinen neun Zentimer hoch; wenn man den Wurzelballen herausklopft, ist er gerade so groß, daß ihn das zehn Zentimeter hohe Substrat gänzlich umschließt. Um in dieses die nötigen Löcher zu machen, wäre eine kleine Schaufel viel zu gefährlich – ihre Metallspitze oder selbst Rundung könnte eventuell die Folie beschädigen. Wir verwenden breite Holzkochlöffel, die sich dafür sehr bewährt haben.
Wenn die Bepflanzung an einem heißen Sommertag erfolgt, muß natürlich überprüft werden, ob die Pflanzen nicht austrocknen; da mag dann eine gelegentliche Runde mit der Gießkanne erforderlich werden.
Problematischer sind die Unterwasser- und Schwimmblattpflanzen. Sie müssen bis zum Setzen unter Wasser gehalten werden, da die Pflanzenteile, die normalerweise unter Wasser stehen – also alle mit Ausnahme der Schwimmblatt-Oberflächen, was auch für Seerosen gilt –, über keinerlei Schutz vor dem Austrocknen verfügen. Und dieses kann, an einem sonnigen Tag, bereits in einer halben Stunde geschehen, wobei jeder vertrocknete Pflanzenteil unweigerlich kaputt ist.
Deshalb setzt man sie erst unmittelbar vor dem Auffüllen des Teichs. Da die meisten von ihnen an den tiefsten Stellen der Pflanzenzone sitzen, gibt es auch die Möglichkeit, diese unmittelbar nach dem Setzen separat zu überfluten – etwa aus der Schwimmzone daneben, mit einer einfachen Tauchpumpe. Jedenfalls sollte das alles ziemlich schnell gehen; wenn eine Verzögerung eintritt, muß man entweder ständig gießen oder die Pflanzen mit nassen Tüchern bedecken.
Das Wasser in die tiefen Zonen schon vorher einzulassen, ist wenig ratsam. Es wird beim Setzen so rasch trüb, daß man nach der dritten oder vierten Pflanze bereits gar nichts mehr sieht. Zudem saugt das weiter oben gelegene Substrat – durch Kapillarwirkung – sehr rasch große Wassermengen auf, wodurch alles auf den Böschungen so rutschig wird, daß diese nicht mehr begehbar sind.

Das Füllen des Teiches

Jedenfalls sollte unmittelbar nach Abschluß der Bepflanzung das Füllen des Teiches erfolgen. Wenn dafür nur die eigene Wasserleitung mit einem Schlauch zur Verfügung steht, dauert dies bei einem großen Teich sehr lange – in diesem Fall wird man für die Unterwasserpflanzen in einer der beschriebenen Weisen vorsorgen müssen.

Manchmal ist auch die Feuerwehr zu einer Hilfeleistung bereit – wohl gegen eine Kompensation mit anderen Flüssigkeiten. Wenn nun Wasser mit hohem Druck – etwa auch aus einem Hydranten – zur Verfügung steht, muß man darauf achten, daß dieser gemäßigter wird, sowie die Schwimmzone randvoll ist.

Denn wenn das Wasser dann über den Rand des Walls in die Pflanzenzone fließt, sollte möglichst wenig Substrat aufgewirbelt oder gar weggespült werden. Erst wenn sich, nach längerem Überfließen, der Wasserspiegel auch in der Pflanzenzone so gehoben hat, daß er höher steht als der Wallrand und somit eine einheitliche Wasserfläche gegeben ist, kann man den Druck wieder etwas erhöhen, doch sollte keinesfalls eine zu starke Strömung entstehen.

Und sowie der endgültige Wasserstand erreicht ist – den man seit der Nivellierung weiß –, ist es Zeit zu feiern. Daß der frisch besetzte Teich noch etwas kläglich aussieht, da die große Pflanzenmenge wie verschwunden wirkt, soll nicht stören; das ändert sich sehr bald.

Der Abschluß der Uferzone

Zur endgültigen Fertigstellung fehlen nur noch zwei Dinge. Zuerst der äußere Abschluß der Uferzone. Hier kommt es darauf an, zwischen dieser und der angrenzenden Gartenerde durch die Folie eine völlige Trennung herzustellen. Geschähe dies nicht, dann könnte sich der Garten an der Kapillarwirkung, die eben nur bis zur Folie reichen darf, gewissermaßen beteiligen und täglich eine mehr oder minder große Menge an Feuchtigkeit aus dem Teich saugen. So käme man nicht nur in diesem zu einem ständigen Wasserverlust – sondern obendrein zu einer völlig ungeplanten Sumpfzone.

Eigentlich geht es nur darum, die Folie so aufzubiegen, daß jede gegenseitige Berührung von Substrat und Gartenerde vermieden wird; dann schneidet man die Folie mit einem scharfen Messer ab und bedeckt das sichtbar Gebliebene, was am ehesten wie ein schwarzer Strich ausschaut, mit Kies oder Steinen – über die sich eben keine Kapillarwirkung ergibt.

An einer ausgewählten Stelle allerdings könnte man die Folie weniger hoch aufklappen: um dort einen Überlauf zu haben, falls es zu so starken Regenfällen kommt, daß der Teich „übergeht". Das ist selten der Fall, und meistens reicht diese Lösung. (Im übrigen sind alle Uferpflanzen, die normalerweise oberhalb des Wasserspiegels stehen, durchaus an gelegentliche Überflutungen gewöhnt – in der Natur gibt es keine gleichmäßig gehaltenen Wasserspiegel.)

Wenn man aber verhindern will, daß das überfließende Wasser einfach im Garten versickert, kann man dort ein Rohr anschließen – oder vom Folienverleger anschweißen lassen –, das zu einer Sickergrube führt, also einem tieferen Loch, das mit Steinen aufgefüllt und oben abgedeckt wird.

Die Impfung

Als letztes bleibt die „Impfung".
Man wartet damit bis fünf oder sechs Tage nach dem Auffüllen des Teichs; dann ist alles – in jedem Leitungswasser enthaltene – Chlor in die Atmosphäre entwichen.
Jetzt ist es Zeit, die biologischen Kreisläufe in Gang zu setzen. Denn noch fehlen die meisten der wichtigen Mitwirkenden: Bakterien, Pilze, Algen, Rädertierchen, Wasserflöhe – kurzum der ganze Mikrokosmos im Wasser. Einiges davon ist gewiß schon mit den Wasserpflanzen „eingeschleppt" worden – doch jetzt geht es um möglichst rasche Vollständigkeit.
Vielleicht erinnern Sie sich noch: In einem Milliliter Wasser sind einige Millionen Bakterien, Pilze usw. Wenn man nun aus einem „gesunden" – schlicht: gut funktionierenden – Biotop einen kleinen Kanister Wasser abschöpft, vielleicht fünf Liter, dann hat man darin enorme Mengen der gesamten Vielfalt, die nötig ist.
Diese paar Liter schüttet man in den eigenen neuen Teich: Und schon setzen die Verdoppelungsraten bei der Vermehrung ein – nach sieben Tagen ist die über siebzigfache Menge vorhanden. Das Wasser „lebt" – und jetzt haben Sie vorerst ein Jahr lang gar nichts zu tun; außer viel zu schauen und möglichst bald zu baden.

BETREUUNG

Wem mittlerweile klar ist, aufgrund welcher Wirkungsweisen ein Schwimmteich oder Biotop klares Wasser behält – oder vielmehr: erzeugt –, der braucht eigentlich kaum Anweisungen für die Betreuung. Es ist einfach und deutlich, was nützt und was schadet. Wer düngt, ist selber schuld. Dennoch sind einige zusammenfassende Hinweise hilfreich.

Im Sommer

Was aufrechterhalten gehört, ist die Vielfalt der Pflanzen und die Nährstoffarmut des Teichs. Das ist ein prekäres Gleichgewicht: Die Pflanzen sollen weder sterben noch wuchern.
Überall in der Natur – bei Teichen, an den Rändern von Seen – gibt es das Phänomen der Verlandung. Durch verrottende Pflanzen und hereingewehte Blätter kommt es zu einer schlammigen Anreicherung von Nährstoff im Seichtwasser, darin gewisse Pioniere unter den Pflanzen – Schilf, Seggen, Fieberklee, um nur einige sehr verschiedene zu nennen – immer mächtigere Wurzelsysteme bilden; auf diesen erheben sie sich schließlich über das Wasserniveau; und letztlich ersetzt ihr eigener, immer größerer Aufbau – dicke Strünke von Horsten, ein dichtes Wurzelgeflecht – das Wasser. Wo sie sind, entsteht Land, und sie wachsen erneut ins Wasser hinein, um denselben Prozeß zu wiederholen.
So „natürlich" wollen wir den Schwimmteich nicht belassen; denn irgendwann hätten wir ihn dann nicht mehr. Also gilt es, dem Teich Nährstoff zu entnehmen: wie er in der „Biomasse" der Pflanzen gebunden ist; denn anders könnten wir es gar nicht. Wie sehr sich dafür die Fadenalgen – oder Algenwatten – anbieten, wurde schon erwähnt. Ganz ebenso die Pflanzen des „Klärlochs" – sie können, von Frühling bis Herbst, in einem rund zweimonatigen Abstand kräftig zurückgeschnitten werden. Das läßt sich ganz bequem von einer Luftmatratze aus machen – wobei wirklich geschnitten werden sollte, nämlich mit einer rostfreien Gartenschere oder einem scharfen Messer; schließlich sollten die Pflanzen ja nicht ausgerissen, also dezimiert werden. Wenn man die abgeschnittenen Teile kompostiert, ergeben sie den besten aller Dünger: etwa für Tomaten oder Zucchini ...
Damit fängt man erst ein Jahr nach Entstehen des Teiches an; bis dahin ist soviel wie gar nichts zu tun.

Im Winter

Nichtstun bleibt wichtig: etwa wenn es darum geht, in allen Wintern alles an Schilf, Binsen und Seggen *nicht* abzuschneiden. Abgesehen vom ästhetischen Grund – wie schön sind doch die beschneiten Rohrkolben über dem Eis! –, bleibt das Wasser rund um die vom Wind bewegten Halme länger eisfrei. Dabei geht es nicht darum, daß durch diese minimale Oberfläche Sauerstoff in den Teich gerät – das ist eine absolut vernachlässigenswerte Größe –, sondern vielmehr, daß giftige Gase entweichen. Denn wo immer „anaerobe" Bakterien vorhanden sind, die ihr Zerlegungswerk ohne Sauerstoff ausführen, entstehen die sogenannten Sumpfgase, zu denen etwa Schwefelwasserstoff, Methan und Ammonium gehören – man riecht sie recht eindeutig.
Das ist keineswegs schlimm und findet auch in der Natur überall statt. Doch bei kleineren Teichen kann sich das bös auswirken: Es ist auch Methan – wie Sauerstoff oder Kohlendioxyd – im Wasser löslich und vergiftet dieses. Am Rand eines Sees spielen Sumpfgase keine Rolle; sie verteilen sich in einer enormen Wassermenge.
In einem kleinen Teich hingegen, wenn dieser länger von Eis bedeckt ist, können sie zum Tod aller Lebewesen unter der Eisdecke führen: Die Wasserfrösche halten in einem schlammigen Dickicht ihren Winterschlaf, die Posthorn- und Spitzschlammschnecken überwintern am Grund, dazu kommen alle Larven der Libellen und Schwimmkäfer; ganz abgesehen von der enormen Vielfalt des Mikrokosmos. Wenn nach dem Auftauen des Eises im Teich nur noch Tod zum Vorschein kommt – statt des frühlingshaften Wiedereinsetzens von Leben –, ist das grauenhaft.
Deshalb sollte man bei Teichen von unter 200 Quadratmeter Größe unbedingt einen der handelsüblichen Eisfreihalter – einen Styroporring oder was immer – verwenden und bei allen Teichen, unabhängig von der Größe, alle hohlhalmigen Gewächse – Binsen, Schilf usw. – stehen lassen, da selbst durch die abgestorbenen Halme die giftigen Gase entweichen. (So war es auch eine alte Praxis der Fischteichhalter, im seichten Wasser vor dem Einsetzen des Winters ein Bündel Stroh senkrecht aufzustellen – das reichte: gewissermaßen als natürliches Ventil für mögliche Giftgase.)
Durch das Freihalten kleiner offener Stellen im Eis

wird man natürlich nicht genügend Sauerstoff ins Wasser bekommen – der fürs Überleben aller Organismen unabdingbar ist, auch wenn sie längst mit Sparschaltung atmen, wie die schlafenden Frösche. Aber dafür reichen einige Pflanzen, die ihre Assimilationstätigkeit auch im Winter nicht einstellen: etwa die Kanadische Wasserpest, der Wasserstern (der selbst im Eis eingefroren grün und aktiv bleibt) oder die Bachbunge u. a. Natürlich ist der Lichteinfall unter Eis – erst recht, wenn Schnee darauf liegt – viel geringer, also die Sauerstoffproduktion entschieden reduziert; aber auch der Bedarf daran ist um diese Jahreszeit gering; und zugleich sorgt die Wassertemperatur dafür, daß der nicht benötigte Sauerstoff in großer Menge gebunden erhalten bleibt.

Im Frühling

Alle abgestorbenen Halme von Schilf und Binsen und Seggen, die man über Winter stehen hat lassen, knikken irgendwann und fallen teilweise ins Wasser. Das ist – im zeitigen Frühjahr – der richtige Moment, sie abzuschneiden: zumindest, so weit man sie vom Ufer aus erreicht.
Das geschieht nicht aus irgendeiner Ordnungsliebe, sondern um den in der Pflanze gebundenen Nährstoff dem Teich zu entnehmen, bevor er von den Mikroorganismen zersetzt und ans Wasser abgegeben wird. Im Grunde könnte man jetzt alles, was an Pflanzenresten, Blättern und so weiter erreichbar ist, aus dem Wasser nehmen. Allerdings ist dieses vorläufig noch recht kalt; und was einen an Arbeit nicht mehr freut, weil die Finger zu klamm werden, kann man ruhig bleibenlassen – nun sollte längst jenes Vertrauen in die Natur etabliert sein, das schlicht besagt: Was ich an Nährstoff nicht herausnehme, wird eben ein schönerer Rohrkolben.
Wenn sich jetzt – je nach Witterung von Februar bis April – dichte Algenwatten entwickeln, die immerhin hervorragende Wasserqualität anzeigen, sollte man sie auch nicht gleich abfischen. Denn eben in solchen Polstern könnten Frösche den Rest ihres Winterschlafes zubringen. Hat man dann verblüfft so einen kalten Schläfer in der warmen Hand, wie er eben aus dem grünen Filz gefallen ist, so wird er nach rund einer Minute zwar wach, schaut einen befremdet an und hüpft in den Teich zurück, wo er sich an einer möglichst dicht bewachsenen Stelle wieder eingräbt – aber man bleibt doch mit jenem schlechten Gewissen zurück, das man auch haben sollte, wenn man Mitmenschen zu früh aus dem Schlaf reißt. Deshalb sollte man besser aufs sichtbare – und vielleicht auch bald hörbare – Auftauchen der Frösche warten, ehe man ausgerechnet jene Stellen „bereinigt", wo sie sich am wohlsten fühlen.
Zuwenig Eingriff ist bei einem funktionierenden Biotop immer besser als zuviel.

Alle paar Jahre

Anders sieht es mit der Schwimmzone aus: Dort hat das mehrfach aufgewirbelte Substrat der Pflanzenzone gemeinsam mit den zersetzten Pflanzen eine dünne Schlammschicht gebildet, einen Film auf der Folie, der durch jeden Schwimmer trübend in Umflauf gebracht wird.
In diesem Fall allerdings helfen biologische Mittel wenig. Man braucht – ab dem zweiten oder dritten Jahr – ein Saugegerät, das diesen Feinschlamm entfernt.
Im Grunde handelt es sich dabei um bereitliegende Schwebepartikel, die wieder und wieder aufgewirbelt werden; sie sinken bei ruhigem Wasser ab. Ab wann sie einen stören, ist eine sehr persönliche Frage. Den Teich und sein Funktionieren stören sie erst, wenn sie so permanent schweben, daß die Lichtdurchlässigkeit des Wassers ständig abnimmt – und damit die Sauerstoffproduktion der Pflanzen erheblich eingeschränkt wird.
Spätestens dann also ist das Absaugen fällig. Auch wenn das Gerät für diesen Zweck so ähnlich wie ein Staubsauger aussieht – es funktioniert vorläufig leider nicht so mühelos. Außerhalb des Teiches steht eine selbstsaugende Pumpe: ein nicht allzu leichtes, dafür aber lautes Ungetüm. Daran sind der mehr oder weniger lange Schlauch, schließlich eine Teleskopstange und der staubsaugerähnliche Abschluß befestigt. Und damit rackert man sich ein paar Stunden ab, wenn man diese Arbeit nicht einer Firma überläßt. Natürlich gibt es mittlerweile viele schlaue Modelle – aber kein einziges funktioniert wirklich so gut, daß man begeistert wäre.
Dennoch: das sind ein paar Stunden Unannehmlichkeit in jedem zweiten oder dritten Jahr – also gar nicht zu vergleichen mit dem Aufwand für einen Swimmingpool.
Diese Arbeit erledigt man am besten vor Beginn der Badesaison – was von der Witterung und Temperatur abhängt –, die Qual durch Kälte ist vermeidbar. Von Herbst bis Frühling haben die meisten Zersetzungsprozesse stattgefunden: Die davon übriggebliebenen Schwebepartikel halt irgendwann vor dem Schwimmen zu entfernen, liegt nahe.
Viel mehr an Erhaltungsarbeit im Schwimmteich gibt es nicht.

Im Sommer ist nichts zu tun – als zu baden.
Im Herbst ist vor allem daran zu denken, was man nicht abschneiden darf. Verrottende Pflanzen und hineingewehte Blätter zu entfernen, ist natürlich nützlich, und man sollte es tun, solange eine bequeme Reichweite vom Ufer aus gegeben ist. Doch braucht kein Dogma daraus zu werden: Wo man eben nicht hinlangt, läßt man's bleiben.

Denn jetzt weiß man's schon: daß die Natur kann, was wir noch immer nicht ganz begreifen. Und daß sich der Teich selber am besten reguliert – wenn wir uns am wenigsten einmischen.
Und da einem soviel Bequemlichkeit als nützlichste Verhaltensweise nahegelegt wird, sollte man sie auch genießen.

4. Teil

DIE WASSERPFLANZEN

Der folgende Überblick kann sich kaum auf ein eindeutig leitendes Prinzip berufen: Es werden sowohl die allerhäufigsten und nützlichsten Wasserpflanzen als auch besondere Raritäten beschrieben – aber jeder Anspruch auf Vollständigkeit wäre, hie wie da, reichlich müßig.

Doch kam es uns darauf an, Pflanzen in ihrer persönlichen Individualität zu beschreiben, mit ihren eigenen Vorlieben und Abneigungen statt durch das Zählen von Griffeln und Narben, und überdies zu erwähnen, wie sehr ihre Geschichte oft mit der des Menschen verbunden ist. Das reicht manchmal weit in die Vergangenheit – und ist in der Gegenwart hauptsächlich die Tragödie vielfach drohenden Aussterbens. Es blieb uns nicht erspart – in leider sehr vielen Fällen –, auf die unmittelbaren Gründe dafür hinzuweisen. Das aber immer in Verbindung mit dem Schwimmteich als Hoffnung für neue Überlebensräume.

In Hinblick auf die Verwendung von Wildpflanzen im Teich wird immer wieder auf deren Lebensweise in der Natur hingewiesen. Damit hoffen wir – über den konkreten Anlaß hinaus –, Verständnis für Zusammenhänge nahezulegen, die einerseits im Schwimmteich eine erhebliche Rolle spielen, aber vielleicht auch den Blick auf die Natur selbst etwas ändern, zumindest was die Wasserzonen und Feuchtgebiete betrifft.

PFLANZEN DES TIEFEREN BEREICHS

Aponogeton distachyos

Wasserähre

Eine Liste nahezu ausschließlich heimischer Wildpflanzen ausgerechnet mit einem südafrikanischen Exoten zu beginnen, ist sicher erstaunlich. Aber erstens wird so gleich zu Beginn vorgeführt, daß auch die lautersten Absichten nicht zu Purismus führen müssen; und zweitens ist die Wasserähre schon reichlich eingebürgert (ganz abgesehen von ihren Verwandten, die in Aquarien sehr beliebt sind). Und drittens natürlich ist sie so schön, daß damit ohnehin alles gerechtfertigt ist.

Aus einer Tiefe von dreißig bis sechzig Zentimeter kommen, an jeweils einem Stiel, leuchtend grüne, auf der Oberfläche flutende Schwimmblätter, die fast handbreit sind und mehr als doppelt so lang. Und gleich tauchen zwischen ihnen auch schon die Blütenstände auf: wie zwei extrem auseinandergespreizte Finger, die oben bis zu zehn weiße Blüten tragen. Und wenn man nah genug heranschwimmt, kommt einem der betörende Duft in die Nase – eines jener seltenen Parfüms, die auch bei großer Intensität nicht aufdringlich wirken. Und solche Blütenstände erscheinen gleichzeitig und nacheinander über einige Wochen.

Damit aber noch nicht genug: Bei einigem Glück erlebt man das gleiche Schauspiel gleich zweimal im Jahr. Nach der ersten Blütezeit, die im Juni endet, zieht die Pflanze – vielleicht zum Schrecken des Teichbesitzers, der davon nichts weiß – gänzlich ein und bleibt über den Sommer verschwunden (es ist der südafrikanische Winter). Doch dann kommt sie gegen Ende September nochmals, mit Blättern und Blüten, und hält bis ziemlich lang in die kalte Jahreszeit – manchmal sogar, bis der Teich zufriert.

Leider ist sie nur zweijährig; und im Schwimmteich wird die Selbstaussaat zu wenig Erfolg führen.

Denn dieses Substrat ist der Pflanze zu mager: Sie liebt tiefgründigen Schlamm, wobei sich das Rhizom manchmal bis zu zwanzig Zentimeter tief eingräbt. Wenn man sie im Schwimmteich haben will, muß man für sie ein eigenes Fleckchen vorbereiten, wo man die bessere Erde relativ hoch aufschüttet.

Aponogeton distachyos – Wasserähre

Callitriche palustris ssp.

Wasserstern

Sich auf die nähere Bestimmung einzulassen, um welche Unterart es sich da oder dort gerade handelt, ist eine komplizierte Spielerei für Spezialisten. Diese Pflanze kann auch innerhalb einer Untergruppe ihr Aussehen in so vielen Details ändern – Unterwasserblätter, schwimmende Sterne, Landformen –, daß sie immer wieder ziemlich verblüffend bleibt.

Dennoch ist sie an den sternförmigen Blättern auf der Wasseroberfläche leicht erkennbar. Diese Sternchen schwimmen über einem vom Grund heraufragenden Polster vielfach gefiederten Grüns und geben dieser Pflanze ein sehr hübsches Gepräge. Zudem ist sie überaus nützlich: Ihre Nahrungsaufnahme erfolgt hauptsächlich über die Stengel und Blätter – also direkt aus dem Wasser; die Wurzeln (die auch gar keine Wurzelhaare ausbilden) spielen dabei so wenig Rolle, daß *Callitriche* lange Zeit auch völlig frei schwimmend überlebt. Dabei kann sie im Winter sogar einfrieren und wächst – erstaunlich hellgrün – im Eis weiter. Sie ist also ein wichtiger Lieferant von Sauerstoff, wenn nur wenige andere Pflanzen noch welchen produzieren.

Rundum besehen lauter Vorteile. Dennoch ist sie im Handel kaum erhältlich – und bewährt sich auch in den meisten Schwimmteichen nicht. Das liegt einerseits daran, daß sie neutrales Wasser dem kalkhaltigen vorzieht – und daß die Kalkhaltigkeit des Substrats aber für sehr viele andere Pflanzen und das Funktionieren des Teichs von Vorteil ist. Auch liebt sie es nicht ganztägig sonnig, sondern nur zum Teil. Im Grunde aber ist gerade bei *Callitriche* auf alle Regeln kein Verlaß; sie gehört zu jenen Wildpflanzen, die das Studium dessen, was in botanischen Fachwerken über sie geschrieben wird, gründlich mißachten. Das sieht dann so aus, daß sie etwa ein Jahr üppigst gedeiht, zwei weitere Jahre mehr oder weniger verschwunden bleibt – und mit einem Mal wieder große Polster bildet. Zu diesem Verhalten bietet sie noch Varianten: prächtiges Erscheinen im Frühling, völliges Verschwinden im Sommer, Wiederauftauchen im Eis und so fort.

Man sollte es auf jeden Fall mit ihr probieren: Abgesehen von den erwähnten Vorteilen erzieht sie gut für den Umgang mit Wildpflanzen.

Und da sie auf ihr ausgeprägtes Eigenleben so großen Wert legt, sollte man sie auch gar nicht setzen, sondern ab Herbst frei herumschwimmen lassen: So kann sie sich dann selber aussuchen, wo sie wachsen will – oder nicht.

Callitriche palustris – Wasserstern

Ceratophyllum demersum

Gemeines Hornblatt

„Gemein" heißt natürlich: allgemein; von irgendwelchen Hinterhältigkeiten dieser Pflanze ist nichts bekannt – ganz im Gegenteil.

Das *Ceratophyllum* wurde bereits weiter vorne erwähnt: Es schwimmt wie eine Schlange mit dichten, nadelartigen Blättern frei im Wasser; die Wurzel ist auf einen mit freiem Auge kaum sichtbaren Ansatz reduziert – und wurzelt vor allem nicht. Die „Schlangen" werden rund einen Meter lang, zerfallen aber sehr leicht in kürzere Stücke (beim Angreifen hat man den Eindruck stacheliger Sprödigkeit) – aus denen dann neue Schlangen werden.

Das *Ceratophyllum* liebt den Kalk; die Sonne allerdings weniger (halbschattig hätte es gern) – vor allem aber liebt es Nährstoffüberschüsse. Daher gehört es zu den wenigen Wasserpflanzen, deren Bestände sich allerorts vermehren.

Mit sanftem Schwung in den Schwimmteich geworfen, sollte es allerdings langsam verschwinden oder in kläglichen Restbeständen – sehr kurzen Schlangen oder Büscheln – weiter dahinvegetieren: wegen Nahrungsmangel. Ist das aber, nach dem erstmaligen Einlassen des Wassers, noch nicht der Fall, wird eben das *Ceratophyllum* dafür sorgen, daß alle Überschüsse an Nährstoff bald verbraucht sein werden.

Dann fischt man es im Herbst ab – bevor es sich auflöst und einen Großteil der aufgezehrten Substanzen wieder an das Wasser zurückgibt. Natürlich nicht alles, denn es soll ja im Frühjahr wieder erscheinen: Dazu produziert es sogenannte „Turionen", besonders kleine Blattachsen mit festen, dichten Blattbüscheln, die auf den Grund absinken und dort überwintern; aus ihnen wächst im Frühling die neue Pflanze. (Dasselbe Verfahren wenden auch viele andere Unterwasserpflanzen an.)

Es darf also keine Pflanze sein, die dauerhaft im Teich zu Hause ist; aber wann immer man den Verdacht hat, der Tisch unter Wasser sei doch zu üppig gedeckt, sollte man nicht zögern, einen Arm voll freßbereiter *Ceratophyllum*-Schlangen hineinzuwerfen.

Elodea canadensis

Kanadische Wasserpest

Allein der Name sagt genug über den schlechten Ruf dieser Pflanze. Sie tauchte in den dreißiger Jahren des vorigen Jahrhunderts in Schottland und Irland auf und verbreitete sich dann mit erstaunlicher Geschwindigkeit über immer mehr Länder. An sich stammt sie aus Nordamerika, wo sie von Kalifornien bis hoch in den Norden reicht.

Was macht diese Pest so schlimm? Die Pflanze – verzweigte Stengel mit quirligen Blättchen – bildet dichte Polster von einiger Höhe, erreicht jedoch kaum die Oberfläche. Diese Polster allerdings haben in Seen und Fließgewässern viele Quadratkilometer bedeckt und kaum einer anderen Pflanze Lebensraum gelassen; natürlich bilden sie dabei ein ideales Dickicht für kleine Fische und ihren Laich, für Frösche und vieles andere Getier.

Kurioserweise kamen in Europa fast ausschließlich weibliche Pflanzen zur Verbreitung – die also rein vegetativ erfolgte. Zwar sieht man im Sommer manchmal ein zwirnsdünnes Fädchen von einer *Elodea* an die Oberfläche aufsteigen und ein winziges weißliches Blütlein bilden, das sich erst mit der Lupe als solches enttarnt: Aber was nützt das ohne Geschlechtspartner? Gar nichts. Dafür aber bildet jedes abgerissene Pflanzenstückchen, frei schwimmend, Wurzeln aus, mit denen es sich irgendwo verankert: Und bald entsteht wieder ein Polster, das – angeblich – zu Quadratkilometern werden kann.

Doch mehr als hundertfünfzig Jahre ohne erfrischendes Geschlechtsleben haben der *Elodea* einiges an Kraft geraubt: Der Segen des schlechten Rufs erspart ihr mittlerweile, diesen auch beweisen zu müssen. Sie nähert sich diesem manchmal an, wenn die Bedingungen ideal sind – nämlich nährstoffreich. Im Schwimmteich und seinem mageren Substrat bleibt sie – nun, nicht gerade zimperlich, wie es sich für eine hundertfünfzigjährige Jungfrau gehörte, aber doch von erheblich eingeschränkter Eroberungslust.

Da sie sehr tief sitzen kann – zwei Meter und mehr –, erträgt sie auch relativ wenig Licht; kann also im Gestrüpp größerer Pflanzen sowie unter den beschattenden Blättern von Seerosen leben. Und dort filtert sie Nährstoffe aus dem Wasser und produziert dabei sehr viel Sauerstoff. Als man in der Lüneburger Heide im vorigen Jahrhundert feststellte, wie klar das Wasser durch *Elodea* wurde, meinte man, daß durch die Anwesenheit dieser Pflanze auch die Ausbreitung von Epidemien – wie etwa Ruhr – verhindert würde.

Da fehlt zwar der ursächliche Zusammenhang – aber das klare Wasser kann man allemal brauchen.

Elodea canadensis – Kanadische Wasserpest

Gegenüberliegende Seite: *Hippuris vulgaris* – Tannenwedel

Hippuris vulgaris

Tannenwedel (Foto siehe vorhergehende Seite)

Etwas übertrieben könnte man sagen, daß es die gleiche Pflanze – und nicht etwa Unterarten von ihr – gleich dreimal gibt.
Zuerst als reine Unterwasserpflanze, mit ganz weichen, hellgrünen Blättern; auch die Stengel sind nicht so starr, sondern fast flutend. In dieser Form kann sie über zwei Meter lang werden und noch tiefer auf dem Grund sitzen. Die Vermehrung erfolgt rein vegetativ, die Nährstoffaufnahme hauptsächlich über Stengel und Blätter; *Hippuris* entwickelt keine Wurzelhaare.
Wenn sie näher am Ufer wächst – ab etwa fünfzig Zentimeter Tiefe –, entwickelt sie über der weicheren Form und über dem Wasserspiegel jene Gestalt, der sie ihren Namen verdankt: Tannenwedel. Dieser steht kerzengerade und dunkelgrün aufrecht, auch die Blätter sind fast so hart wie Nadeln; in ihren Achseln knospen winzige, unauffällige Blüten.
Und in ausschließlich dieser Form wächst sie auch auf dem Lande – etwa wenn das Wasser in einem Altarm zu stark gesunken ist.
Mit so viel programmierter Anpassung ist sie ein idealer Pionier in Verlandungsgebieten – Monokulturen von manchmal 150 m Durchmesser (ein sogenanntes „Hippuretum") werden von früher berichtet; heute gilt die Pflanze dennoch als gefährdet.
Im Teich ist sie weniger ihrer wasserklärenden Wirkung als der dekorativen Form als „Tannenwedel" wegen eingesetzt – obwohl sie beides sehr perfekt verbindet. Für ihr Wohlbefinden sorgt besonders kalkhaltiges Wasser.

Myriophyllum spicatum

Ähriges Tausendblatt

Die *Myriophyllum*-Arten sind nahezu Kosmopoliten; manche tropischen Sorten werden auch häufig in Aquarien verwendet. Von den europäischen Arten ist *M. verticillatum* weniger für den Schwimmteich geeignet als *M. spicatum:* Dieses kann soviel Kalk in sein Gewebe aufnehmen, daß in der Trockenprobe der Pflanze bis zu 70 Prozent Kalziumkarbonat enthalten sind.
Das *Myriophyllum* ist eine der typischen Pflanzen, durch die Leute nicht hindurchschwimmen mögen. Es kann aus zwei oder drei Meter Tiefe bis an die Oberfläche wachsen, immer mehr verzweigt, dünnfiederige Blätter dicht in Quirlen um die Zweige stehend, sacht mit dem Wasser flutend. Aber im Grunde ist es sehr schön, in dieser für Wasserpflanzen typischen Verbindung von Mächtigkeit und Zartheit. Die kleinen, rosa- bis zimtfarbenen Blüten, die es im Sommer – monatelang, immer wieder – ein paar Zentimeter über die Wasseroberfläche streckt, sind allerdings wenig auffällig.
An Vitalität der Verbreitung kann es das *Myriophyllum* jederzeit mit der Kanadischen Wasserpest aufnehmen. Nämlich ganz abgesehen vom hier erfolgreichen Geschlechtsverkehr; ob flutende Einzelteilchen – die Pflanze reißt noch leichter als *Elodea* –, Seitentriebe aus der Wurzel oder „Winterknospen" („Turionen"): alle Mittel der Vermehrung sind erlaubt und werden genützt. Wer *Myriophyllum* im Teich hat, weiß nach zwei Jahren nicht mehr, wo die wundersame Vermehrung ihren Ausgang nahm. Doch dazu gleich eine Ehrenrettung: Bei aller Ausdehnung ist die Pflanze zu zart, um andere wirklich zu verdrängen.
Und vor allem: als Klärpflanze ist sie eine der nützlichsten. Wieder einmal spielt die Ernährung über die Wurzel kaum eine Rolle; häufig stirbt die Hauptwurzel (ohne Wurzelfäden) überhaupt ab und wird durch Nebenwurzeln ersetzt, die hauptsächlich Sproßtriebe für neue Pflanzen sind. Dafür filtern die Blattfedern ganz hervorragend das Wasser (und geben an dieses ein drüsiges, glykosidartiges Sekret ab – das Myriophyllin –, das wohl symbiotischen Zwecken dient, ohne daß man genauer darüber Bescheid wüßte).
Bei der hohen Wasserklärung und Sauerstoffproduktion spielt auch die besonders lange Vegetationsperiode eine Rolle: Zwar kann man *Myriophyllum* nicht als wirklich wintergrün bezeichnen, doch in milden Wintern ist der Übergang vom Absterben der alten und dem Austreiben der neuen Pflanze fast fließend. In strengeren Wintern werden oft die Samenstände vom Eis eingeschlossen und durch dessen Driften verbreitet; und schon im März kommen die neuen Pflanzen. So oder so: ihr Konkurrenzdruck ist bereits vorhanden, noch ehe die „kleinen Algen" vom Nährstoff zu zehren beginnen können.
Außerdem kann man das *Myriophyllum* rund ums Jahr kräftig zurückschneiden, ohne daß seine Wachstumslust dadurch gehemmt würde. Das ist eine der bewährten Methoden, dem Teich gebundene Nährstoffe zu entziehen.
Setzen kann man das *Myriophyllum* ab etwa fünfzig, sechzig Zentimeter Tiefe; angeblich wächst es auch noch in vier bis sechs Meter Tiefe und kann, wo immer, gute drei Meter lang werden. Die Lichtverhältnisse ändern eher die Farbe der Pflanze als ihre sichtbare Freudigkeit zu gedeihen.

Gegenüberliegende Seite:
Myriophyllum spicatum – Ähriges Tausendblatt

Nuphar lutea

Teichrose (Teichmummel)

In Verlandungszonen von Seen – wo das Ufer bis ins Tiefe hinein nur sacht absinkend verläuft – sowie in windgeschützten Buchten kommt *Nuphar lutea* noch immer vor; etwa als breiter Gürtel im Tieferen außerhalb des Schilfes *(Phragmites australis)*. Dennoch ist auch diese Pflanze schon gefährdet.

Ihre Blätter ähneln denen von Seerosen, doch die Blüte ist leuchtend gelb und erheblich kleiner, zuerst ein bißchen kugelig, auch später nie ganz ausgebreitet; sie wird einige Zentimeter über die Wasseroberfläche gehoben. Die Gesamtausdehnung dieser gewiß schönen Pflanze kann an der Oberfläche einige Quadratmeter erreichen, wobei sie sich – unter günstigen Bedingungen – ständig weiterverbreitet.

Diese günstigen Bedingungen findet sie im Schwimmteich allerdings kaum vor. Zwar ist sie mit dem kalkhaltigen Wasser einverstanden, sitzt aber gerne tief – also bei einem Wasserstand von gut einem Meter, obwohl sie auch noch weniger (bis etwa sechzig Zentimeter) verträgt – und vor allem liebt sie Schlamm, den sie kräftig durchwurzelt. Das Substrat des Schwimmteichs behagt ihr gar nicht. Ebensowenig liebt sie Wind und Wellen – Motorboote an einem See können reichen, ihr das Dasein zu vergällen.

Dann erscheint sie überhaupt nicht an der Oberfläche – weder mit Schwimmblättern noch mit Blüten. Statt dessen macht sie – wie auch jedenfalls im ersten und zweiten Jahr – am Boden dichte krause Blätter, die am ehesten an Salat erinnern. Das tut sie auch – über Jahre – im armen Substrat des Schwimmteichs: Sie ist eine reine Unterwasserpflanze geworden.

Der Salatkopf in einem Meter Tiefe entspricht gewiß nicht der Absicht dessen, der sie gesetzt hat. Also wird man auf sie verzichten müssen oder ihr – an einer entsprechenden Stelle, die man am besten mit Steinen umringt – die gewünschten Bedingungen verschaffen: ein weiches, schlammiges Substrat ohne Schotter – etwa lehmige Gartenerde ohne Humus.

Es gibt auch eine Kleinform, die ein Spezialist für Nährstoffarmut ist, und die man daher für besonders geeignet halten möchte: Aber diese – *Nuphar pumila* – verträgt erstens keinen Kalk, liebt also saures Wasser, und ist zweitens, was sie für den Schwimmteich noch ungeeigneter macht, für ihr Wohlbefinden von

Nuphar – ein kleiner „Bastard" für seichtes Wasser

eher kaltem Wasser abhängig – was dem Interesse der Badenden entgegensteht.
Nuphar war und ist allerdings eine Pflanze, die gerne „bastardisiert“ – ihre Untersorten kreuzen sich zu vielerlei „Zwischenstufen“. Darunter nun gibt es welche, die gerne im Flachen wachsen und Kalk vertragen, nur den Schotter lieben sie noch immer nicht. Ihnen stellenweise den richtigen Boden zu bereiten, über den hinaus sie sich auch kaum ausbreiten, ist eine mühelose Angelegenheit – man setzt sie in etwa zwanzig bis dreißig Zentimeter Tiefe. Und dann hat man ein – eher seltenes – Schmuckstück in einer Bepflanzungszone am Ufer, wo sie gewiß auffällt.

Nymphaea

Seerose

Was hier zu schreiben nicht möglich ist, wäre dennoch wünschenswert – ein eigenes Buch über Seerosen: über alle ursprünglichen Arten in den verschiedenen Kontinenten, über ihre Kreuzungen, über die Vielfalt und Pracht an Sorten, die es heute gibt, über ihre Vorzüge und Nachteile.
Zur ganzen Herrlichkeit dieser großen Pflanzen, die obendrein mit der längsten Blütezeit im Teich erfreuen – nämlich vier bis fünf Monate –, kommt allerdings, daß die europäischen Wildformen extrem gefährdet sind; alle hybriden, also unfruchtbaren Sorten hingegen – soweit die Züchtungen erfolgreich waren – werden zur Genüge nachgezogen. Das soll wiederum zu keinem Purismus verleiten; denn wer von roten oder gelben Seerosen träumt, soll sich seinen Wunsch erfüllen, auch wenn diese (für unser Klima) in keiner Wildform erhältlich sind.
Doch die vom Aussterben bedrohten Pflanzen verlangen mehr Obsorgepflicht – und sind um nichts weniger schön.
Das gilt in erster Linie für *Nymphaea alba* – die einheimische weiße Seerose. Ihr Auftreten war früher oft massenhaft: Wer je in einer Au einen Altarm gesehen hat, der fast zur Gänze mit den großen, sattgrünen Schwimmblättern und ganz vielen weißen Blüten unter der Sonne bedeckt war ... der hat wenigstens die Erinnerung daran. Auch hier ist die Ursache für den starken Rückgang der Nährstoffüberschuß – was für die Hybriden nicht gilt, da man sie kaum genug füttern kann –, zudem natürlich am schon allzulange geübten Pflanzen- und Blütendiebstahl. In seltsamer Weise berührte die schlichte Zurückhaltung dieser großen Blüte in reinem Weiß immer wieder geradezu kultisch, zumindest aber symbolisch (wie in Asien seit fünftausend Jahren bei der nahe verwandten Lotusblüte) –, und das war der Erhaltung ebensowenig förderlich, wie es das absolute Gegenteil gewesen wäre, nämlich völlige Reizlosigkeit: Aus welchem Grund immer der Mensch seine Hand ausstreckt, ist dies für Pflanzen oft fatal.
In Schwimmteichen und Biotopen könnte *Nymphaea alba* wirklich eine neue Heimat erhalten: Sie verträgt erheblich kalkhaltiges Wasser und ist mit mittleren Nährstoffwerten schon recht zufrieden. Das heißt zwar noch immer, daß ihr ein eigenes „Beet“ am Wassergrund durchaus recht ist, da ihr grober Schotter gar nicht behagt, sondern eher ein schlammiges und tieferes Substrat –, aber es muß nicht so aufgefettet sein wie für Hybriden. Dann blüht sie mit Verläßlichkeit; nicht durchgehend, aber immer wieder – manchmal mit mehreren Blüten zugleich, dazwischen eben gar nicht. Auch die Schwimmblätter sind schön. Die Blüten halten einige Tage; sie öffnen sich – nicht allzu zeitig – am Morgen und schließen sich wieder spätestens um fünf Uhr am Nachmittag. Und sie sind natürlich, im Gegensatz zu allen Hybriden, fruchtbar: Auch wenn die Keimung von Seerosensamen (wenn man sie züchtet) langwierig und gar nicht einfach ist, kann es im schlammigeren Biotop – eher als im mageren Schwimmteich – zu einer natürlichen Vermehrung kommen. Als Setztiefe sind achtzig Zentimeter bis ein Meter recht ideal, aber nicht unbedingt verpflichtend; *Nymphaea alba* gedeiht auch tiefer oder seichter – bis fünfzig Zentimeter – recht zurfriedenstellend, da sie als Wildpflanze sehr wechselnde Wasserstände gewohnt ist. Wenn sie überschwemmt wird – oder wenn eine zu kurzstielige Pflanze in tieferes Wasser gesetzt wird –, macht das, wie bei allen anderen Seerosen, gar nichts; meist reichen ihr wenige Tage, die Stengel mit den Schwimmblättern bis zur Wasseroberfläche zu verlängern.
Auch bei dieser Seerose hat man sich, wie sonst im Teich, möglichst wenig einzumischen. Die übliche Empfehlung, absterbende Blätter samt den Stengeln abzuschneiden, damit sie nicht im Wasser verrotten, ist zwar prinzipiell richtig (die abgesunkenen Blütenköpfe hingegen brauchen sehr lange, um driftende Samen freizugeben) – aber wenn man gerade nicht hinreicht oder keine Lust hat, überläßt man's eben den Bakterien, hier langsamer für Ordnung zu sorgen. Vor deren Feinarbeit sind im allgemeinen schon die Wasserschnecken am Werk, die mit oberflächlich Vermoderndem und dem dazugehörigen Algenüberzug viel zufriedener sind als mit frischem Grün – wenn dieses nicht besonders zart ist. Die meist ova-

Nächste Doppelseite: *Nymphaea alba*

len, gallertigen Belege auf den Unterseiten von Seerosen (oder anderen Schwimmblattpflanzen) sind übrigens die Eiablagestellen von Spitzschlammschnekken. Zu diesen erübrigt sich jeder Kommentar, wenn sie einmal im Teich ansässig sind – entfernen kann man sie nie wieder. Sie nutzen eher als sie schaden, und es ist heilsamer, ihrem friedlichen Leben zuzuschauen, als es zu beargwöhnen.

Das gilt in vielem und auch bei *Nymphaea alba*. Nachgesagt wird ihr – und anderen Seerosen – unerträgliches Wuchern, wenn sie sich wohl fühlt. Tatsächlich kann ein Seerosen-Rhizom im Laufe der Jahre fast armdick werden und einen – und später zwei – Meter weiterwachsen; dabei bilden sich „Augen" darauf (wie Knorpel), aus denen jeweils eine neue Pflanze entsteht.

Im Schwimmteich wird dies, durch das magere Substrat rund um die Pflanzstelle, zuerst verhindert, später zumindest verzögert. Es dauert Jahre, bis eine Üppigkeit entsteht, die einen nicht mehr entzückt – und sei es wegen der Überfülle an Blättern und einem Mangel an Blüten. Das ist typisch für ein altes Rhizom – dann soll man es herausnehmen (eine ganz besondere Schlammwolken-Sauerei) und „erneuern" – indem man die Wachstumsspitze des Rhizoms und die „Augen" abschneidet und neu setzt: Sie sind dann wieder so blühfreudig wie ihr Ursprung vor acht oder zehn Jahren. Das ist eine Arbeit, die mit einem sehr scharfen Messer geschehen muß, um möglichst wenig Zellen zu verletzten – da bei einer dickeren zerdrückten Schicht Fäulnis entsteht, die sich fortpflanzen könnte. Allgemein wird empfohlen, die Schnittstellen mit Holzkohlenasche zu „desinfizieren"; erheblich erfolgreicher und einfacher ist es, die Rhizomstücke samt der eventuell daran befindlichen jungen Pflanze – etwa in einem Gittertopf „eingezäunt" – ins Wasser zu stellen, bis sie Wurzeln treiben, und erst dann einzusetzen; im „lebendigen" Wasser mit all seinen Mikroprozessen funktioniert die Wundheilung offensichtlich besser – wieder einmal: ohne Einmischung.

In Österreich – aber nicht so in Tschechien und Deutschland – gänzlich ausgestorben ist *Nymphaea candida*: der *N. alba* in allen Teilen ähnlich, aber kleiner und zarter – und ganz besonders schön. Allein ihre Form würde nahelegen, ihr in – kleineren – Teichen wieder zu einem Lebensraum zu verhelfen. Allerdings bekommt man sie nirgends im Handel, und Nachzuchtexemplare aus wissenschaftlichen Projekten sind schwer zu erhalten. Kleinwüchsigere Unterarten von Wildpflanzen sind – geradezu logischerweise – immer an weniger Nährstoff angepaßt als die

Nymphaea tetragona

größere Verwandtschaft: Daher schiene *Nymphaea candida* geradezu ideal für Schwimmteiche. Leider stimmt das nicht ganz: Sie ist zusätzlich an leicht saures Wasser gewöhnt und daher dem Kalk abgeneigt.

Immerhin ist die Pflanze so schön, so selten, so wertvoll, daß es unbedingt den Versuch lohnt festzustellen, ob ihre Toleranzgrenzen nicht doch so weit gehen, daß ihr – der fast überall Verschwundenen – der Schwimmteich doch zu einem fast letzten Lebensraum verhelfen könnte.

Das ist immerhin bei der – in Mitteleuropa wild gar nicht vorhandenen – *Nymphaea tetragona* der Fall; sie stammt aus dem nordöstlichen Bereich und ist eine natürliche Kreuzung, die noch immer Gegenstand wissenschaftlicher Mutmaßungen ist.

Die Blätter unterscheiden sich kaum von *Nymphaea alba* oder *N. candida;* die weißen Blüten ragen vielleicht ein bißchen höher über die Wasseroberfläche. Es ist also eine natürliche weiße Seerose, die zudem mit ihren robusten Blättern bis zu zwei Quadratmeter Teich beschatten kann. Doch die wirklich große Besonderheit ist die geringe Tiefe, aus der sie wächst: Es reichen ihr schon dreißig Zentimeter, um sich wohl zu fühlen.

Damit wird sie zur besonders geeigneten schmückenden Pflanze in seichteren Bereichen, wo keine andere (wildwüchsige) Seerose vorkäme.

Dafür bezahlt man allerdings mit Problemen: Sie verharrt geduldig im armen Schwimmteichsubstrat und blüht – sehr selten. Oder man macht ihr ein eigenes Beet mit fruchtbarer tieferer Erde – und sie wandert. Das Rhizom legt pro Jahr – in eher gerader Richtung – einen halben Meter zurück und erzeugt dabei ständig Jungpflanzen, die spätestens im nächsten Frühsommer blühen. Das ist eine überwältigend schöne Üppigkeit – wenn man dafür Platz hat.

Nymphaea Marliacea rosea

Falls man sich, was wir eindeutig befürworten, für *N. tetragona* entschieden hat, werden alle nächsten Entscheidungen von dieser getroffen. Sie versteht sich besonders gut mit den Amseln, die längst alle Kirschen vom Baum gefressen haben. Und wir lernen, gute Zuschauer zu werden.

Was bieten nun die Hybriden? Wenn man hundertfünfzig Jahre Zucht vereinfachend zusammenfaßt: immer mehr Farben, immer größere Blüten (bis 25 cm Durchmesser!), immer häufigeres Blühen und, eingeschränkter, weniger Empfindlichkeit gegen Regen und Wellen, also längere Öffnungszeiten der Blüten.

Es war der Franzose Marliac, der die Methode der Kreuzungen erfunden, ihre Geheimhaltung zu seinem Prinzip und den enormen Erfolg dauerhaft gemacht hat. Bis heute heißen viele im Handel angebotenen Seerosen *Marliaceae* – weil sie von ihm stammen, wunderschön sind und sich durch Robustheit bewähren. Seine weißen Seerosen blühen etwas größer und häufiger als *N. alba;* und außerdem brachte er Farben ins Spiel, die es vorher nicht gab.

Damit war er jahrzehntelang allein – ein Weltmeister in der selbstgeschaffenen Disziplin. Erst in unserem Jahrhundert kamen mehr und mehr andere Seerosenzüchter hinzu – und der Überblick erforderte heute ein Buch, wie es zu Tee- statt Seerosen üblich ist.

Mittlerweile gibt es alles: von den Zwergseerosen, die aus zwanzig Zentimeter Wasser heraufkommen und den ganzen Habitus der Pflanze im Kleinformat nachmachen, mit Schwimmblättchen und Blütlein, bis zu jenen Riesen, die sich erst bei rund zwei Meter Setztiefe wirklich entfalten, dann mindestens vier Quadratmeter zur Ausdehnung ihrer Blätter brauchen und spektakulär gigantomanische Blüten machen. Außerdem gibt es Seerosen, die im Teich ununterbrochen blühen; und andere, deren Blüten nur für den Verkauf geschnitten werden, um sich in Vasen drei bis fünf Tage lang zu öffnen und zu schließen ...

Im Schwimmteich läßt sich jede gewünschte Seerose einsetzen – aber die Anzahl dieser Hybriden muß beschränkt sein. Denn sie erfordern gut dreißig Zentimeter allernahrhaftesten Substrats und brauchen, für ihr wahrhaftig so schönes Blühen, nach einiger Zeit Nachhilfe, nämlich Dünger. Den kann man, um nicht den ganzen Teich zu belasten, mit einem Trick verabreichen: Man friert Hornspäne in Eiswürfelchen ein und drückt diese dann tief in den Wurzelbereich (oder knetet sie ungefroren in Lehm). So kommt der Dünger nur dorthin, wo er gebraucht wird – und nie frei ins Wasser. Professionelle Züchter, die vor allem Schnittblüten für den Verkauf produzieren, setzen diese Sorten alle zwei Jahre neu, wobei sie unter der Erdschicht auch noch Kuhdünger verwenden.

Seerosen werden immer wieder als die Königinnen der Wasserpflanzen bezeichnet. Von der Raffinesse ihrer Fähigkeiten her sind sie es nicht, sondern nur für unser blütenbezogenes Vorurteil – was ja nichts macht.

Nymphoides peltata

Seekanne

Wie weiland der alte Kaiser Franz Joseph bei den Tschechen könnte auch *Nymphoides peltata* den Beinamen Procházka haben: Spazierer.

Sie wandert durch den Teich – und ist im Jahr nach dem Setzen teilweise ganz woanders, als man – der/die bestimmende Herr/in des Teiches – das beabsichtigt hatte.

Man könnte diese recht beachtenswerte Pflanze für eine Verwandte von *Nymphaea* und *Nuphar* halten: Ihre Blätter sind, wenn auch sehr viel kleiner, doch seerosenähnlich (allerdings könnten sie auch mit denen des Froschbisses verwechselt werden). Doch ihre gelben, knapp übers Wasser gereckten Blüten sind seltsam anders: Sie sehen nach fein zerknittertem Kreppapier aus, mit großer Leuchtkraft, doch extrem fragil. Ihre Lebensdauer beträgt im allgemeinen nur einen Tag – gegen Abend knäueln sie sich unordentlich zusammen; das tun sie aber auch schon nach einer halben Stunde Regen und sind nur selten regenerationsfähig.

Allerdings macht das nicht viel: Hier kommt nicht – wie bei den scheinbaren Verwandten – jede Blüte an einem eigenen Stengel vom Grund herauf, sondern knapp unter dem Wasser schwimmt ein ganzes Bündel von Knospen, von dem sich unermüdlich eine nach der anderen hebt und öffnet.

Wie der Fieberklee *(Menyanthes trifoliata)* – mit dem sie in Wahrheit verwandt ist – weist auch die Seekanne an der Unterseite der Blätter seltsame Pünktchen auf: nämlich sogenannte „Hydropoten“, die das Wasser mit allen darin gelösten Nährstoffen direkt zur Verteilung an die inneren Transportgefäße der Pflanze weiterleiten. Damit gehört sie ebenfalls zu den Pflanzen, die das Wasser auf völlig unmittelbarem Weg klären; die Wurzeln spielen wenig Rolle.

In entferntem Sinn erinnern aber auch sie – oder vielmehr die Sproßachsen – an den (sonst ganz anders reizvollen) Fieberklee: Sie graben sich nicht in den Grund ein, sondern bleiben darüber – spazierend: also sich ständig verlängernd. Dabei teilen sie sich in Fragmente von etwa zehn bis zwanzig Zentimeter; der Übergang von einem zum nächsten heißt „Internodium“ (Zwischenknoten), und nur von dort gehen

Nymphoides peltata – Seekanne

Wurzeln ins Erdreich aus. Jedes verwurzelte Glied könnte – von den anderen abgetrennt – eine neue Pflanze mit Schwimmblättern und Blüten bilden. Das geschieht grundsätzlich auch ohne Abtrennung; allerdings nicht überall. Doch kommt in nicht allzu großen Abständen immer wieder eine neue *Nymphoides peltata* an die Oberfläche – und da sie pro Jahr, nach mehreren Richtungen gleichzeitig, sich auf diese Weise um anderthalb bis zwei Meter ausdehnt, kann man sich bald einen Teich vorstellen, in dem die Seekanne absolut dominiert.

Das passiert allerdings nicht; der Schwimmteich ist ihr viel zu mager. Sie möchte Schlamm, der auch immer wieder im Wasser gelöst wird, und – wie die falsche Verwandtschaft der Seerosen – ganz viel Sonne; jedenfalls übersteigt ihr Nitratanspruch auch den der wildgedeihenden Seerosen. Warum sie dennoch mittlerweile in höchstem Maße im Aussterben begriffen ist, erscheint eher als rätselhaft – vielleicht kommen in nitratbelasteten Gewässern zu viele andere Schadstoffe dazu.

Im nährstoffarm gehaltenen Schwimmteich hingegen überlebt sie recht gut – und ständig wandernd. Sie blüht auch – aber weniger üppig; und findet nirgends die Verhältnisse vor, um dominant zu werden. Man muß nur bereit sein, ihr den eigenen Willen zu lassen – nämlich zu erscheinen, wo sie will. Dort erfreut sie auf jeden Fall die Honigbienen und Hummeln, die sich gern den Nektar aus den leuchtenden Kannen abholen kommen.

Gesetzt wird *Nymphoides peltata* am besten in vierzig bis sechzig Zentimeter Tiefe – obwohl es später ohnehin keine Rolle spielt, wo man sie seinerzeit hingepflanzt hat.

Potamogeton lucens

Glänzendes Laichkraut

Potamogeton lucens – Glänzendes Laichkraut: rechts in einem 1,20 Meter tiefen Klärloch, links das Tausendblatt

Die Laichkräuter erfreuen sich keiner großen Beliebtheit bei den Badenden; und der gartenarchitektonischen Ästhetik stechen sie auch nicht unbedingt ins Auge. Beides ertragen sie – überlebend.

Das *Potamogeton lucens* ist eine der mächtigsten Wasserpflanzen; auch sie kann aus vielen Metern Tiefe emporwachsen: Da ist nichts als Stengel und – glänzend – grüne Blätter, ein paar Zentimeter breit und mehr als zehn Zentimeter lang. An der Unterseite allerdings sind die Blätter gelblichweiß bis grau, dick von Kalk verkrustet. Davon war schon die Rede: daß sie den in Kalzium-Bikarbonaten löslichen Kohlenstoff bestens zu verwenden wissen. Ihr Wachstum setzt also keineswegs aus, wenn das im Wasser vorhandene CO_2 zu knapp wird; sie wenden sich der nächsten Quelle zu. Und produzieren und produzieren – natürlich Sauerstoff.

Sie blühen auch, mit kleinen, übers Wasser gereckten Kölbchen; doch das Entzücken wird mäßig bleiben.

Potamogeton lucens ist eine der idealsten Pflanzen für das Klärloch; da kann es sich – neben *Myriophyllum* – zur entsprechenden Höhe entwickeln, nämlich bis an die Wasseroberfläche; und über alle Blätter Nährstoffe zehren. Und wenn man diese so konzentriert gesammelt haben will, etwa für Tomaten, dann schneidet man die Pflanze so radikal zurück wie *Myriophyllum* und kompostiert sie – gemeinsam mit den Algenwatten.

Potamogeton natans und

Schwimmendes Laichkraut

Potamogeton fluitans (nodosus)

Flutendes Laichkraut

Hier geht es nochmals um Pflanzen mit ziemlich reizlosen Blüten: Sie sehen wie sehr kleine rotbraune Maiskölbchen aus, die eine Zeitlang übers Wasser gereckt werden und dann wieder versinken.

Was an beiden Pflanzen bestechend und – bei zu geringer Beschattung des Teiches – am wichtigsten ist: ihre dichten Schwimmblätter. Sie bilden einen schwimmenden Teppich, der rötlichbraun bis dunkelgrün ist; die länglichen, spitz auslaufenden Blätter liegen dicht nebeneinander und wirken oft geradezu ledrig-kompakt. Unter ihnen bleibt das Wasser kühl: Gerade im Hochsommer, wenn dies notwendig sein kann, ist ihre Ausdehnung am größten.

Im Frühling ist *P. fluitans* früher da als *P. natans;* und ehe es langam die Oberfläche erreicht, bildet es dichte Büschel von Unterwasserblättern, die ein wenig an jene von *P. lucens* erinnern – auch sie nehmen die Nährstoffe direkt aus dem Wasser auf. Doch sowie die Oberfläche des Wassers erreicht wird, kommen die Schwimmblätter an die Reihe, die oberseitig die Trockenheit vertragen und an der Unterseite für einen erheblichen Teil des Stoffwechsels der Pflanze sorgen. Gleichzeitig aber werden die früher entwickelten Blätter unter der Wasseroberfläche so beschattet, daß sie immer weniger Leistung erbringen und deshalb schon im Sommer absterben. Das ruft – bei Wassertemperaturen bis 25 Grad – sofort die Fadenalgen auf den Plan, die nun zwischen den verrottenden Blättern wuchern. Dergleichen sieht nicht unbedingt nach einer Zierde des Teiches aus – und mit einem Kescher können Sie unter den Schwimmblättern auch nichts abfischen.

Doch gibt es außer Ihnen genug andere „Inhaber" des Teiches, die sich sehr über das Gewuchere freuen: nämlich alles Getier, das leicht erreichbare Plätze braucht, um sich dort zu verbergen – vor allem die Frösche, aber auch viele Wasserkäfer und Larven. Einige Arten von Unterwasserdickicht sind absolut notwendig, damit sich die Tiere im Teich wohl fühlen.

Potamogeton natans erscheint, wie gesagt, etwas später (erst nach den „kleinen Algen"). Die Unterwasserblätter sind auch nicht so wirksam wie bei *P. fluitans:* Sie sehen eher wie lange Fäden aus, haben also eine sehr geringe Oberfläche, um aus dem Wasser Nährstoffe zu absorbieren. Dafür schaffen sie – beim Verrotten unter den im Sommer gebildeten Schwimm-

Potamogeton natans – Schwimmendes Laichkraut, die ersten Schwimmblätter bildend

Potamogeton fluitans – Flutendes Laichkraut – so sieht schließlich auch *Potamogeton natans* aus

blättern – auch kein Problem: Es bilden sich kaum Fadenalgen. Das reicht, um *P. natans* zu einer Standardpflanze im Handel zu machen, während *P. fluitans* kaum erhältlich ist.

Jedenfalls: *Potamogeton natans* ist eine schöne und wirksame Pflanze, die man – zwischen vierzig und sechzig Zentimeter Tiefe – unbesorgt einsetzen kann (das Teichsubstrat ist nicht sein Ideal, sondern eher eine willkommene Beschränkung). Aber wo, etwa durch einen Bachlauf, fließendes Wasser in den Teich kommt, ist *P. fluitans* unbedingt vorzuziehen – es ist, wie der Name schon sagt, an fließendes Wasser gewöhnt, und seine Klärleistung ist größer.

Gegenüberliegende Seite:
Ranunculus aquatilis – Wasserhahnenfuß

Ranunculus aquatilis

Wasserhahnenfuß

Wie alle Hahnenfüße ist auch dieses Gewächs giftig. Aber solche Tücken sieht man den Pflanzen nicht an. Der *R. aquatilis* ist von allen Unterwasserpflanzen mit hoher Klärwirkung die schönste. Als untergetauchte Pflanze ist er typisch: nämlich fein zerfiedert. Bereits knapp nach dem Winterende, im noch eiskalten Wasser, beginnt die frischgrüne Ausdehnung von sehr viel Zartheit. Die Pflanze kommt aus vierzig bis sechzig oder noch mehr Zentimeter Tiefe; da sie dort unten, noch vor Frühlingsbeginn, für Sauerstoff sorgt, könnte nichts nützlicher sein.

Und dann blüht sie auch schon: nämlich wenn der Mai schön ist; und das über einige Wochen.

Sie streckt weiße Blüten über das Wasser empor: Die sind etwas über zwei Zentimeter groß, können aber in berückender Vielzahl erscheinen. Gleichzeitig bilden sich ganz kleine Schwimmblättchen, irgendwie zerlappt, oft nierenförmig.

Allerdings: auf den *Ranunculus aquatilis* ist nicht unbedingt Verlaß – wie es sich für eine Wildpflanze eben gehört. Vielleicht ist er im übernächsten Jahr verschwunden oder taucht ganz woanders wieder auf.

Dahinter steckt kein Geheimnis, sondern nur das Teichsubstrat. Er gedeiht in diesem recht gut, aber deutlich launenhaft.

Utricularia vulgaris

Wasserschlauch

Wie die kleinen Fische frißt auch der Wasserschlauch das Falsche: nämlich Rädertierchen, Wasserflöhe, Krebschen und so fort. Tatsächlich handelt es sich bei *Utricularia* um die einzige europäische Wasserpflanze, die fleischfressend ist (ihr nächster Verwandter, das Fettkraut, tut dies zu Lande).

Es gibt mehrere Arten von *Utricularia,* die verschieden ziemlich gefährdet sind; auch *U. vulgaris* ist stark im Rückgang, da sie kein zu nährstoffreiches Wasser verträgt. Es ist eine – bis zu einem Meter lange – frei schwimmende oder dahintreibende Pflanze, die mit ihren feinen, immer wieder gegabelten Blättchen sehr hübsch ist. Zudem reckt sie im Juli oft zahlreiche gelbe Lippenblüten über das Wasser, die dann kräftig auffallen.

Die vielen kleinen Bläschen entlang der gesamten Pflanze entdeckt man erst bei genauem Hinsehen. Es sind die Hohlräume, in die ein- und mehrzellige Lebewesen eindringen – dann schließt sich hinter ihnen die Falle. Im Inneren der Bläschen werden Fermente abgeschieden, die das Eiweiß der Tierchen zersetzen oder „verdauen“ – dann kann dieses von der Pflanze aufgenommen werden.

Da eine ausgewachsene *Utricularia* bis zu tausend solcher Fallen im Einsatz hat, ist leicht vorstellbar, wie groß ihr Appetit ist; ohne eine solche ausreichende Ernährung fühlt sie sich kaum wohl und verschwindet rasch.

Daher sollte man sie keinesfalls in einen neuen Teich geben: Für die *Utricularia* muß das ganze – fast unsichtbare – Leben im Wasser schon voll entwickelt sein.

PFLANZEN DES SEICHTEREN BEREICHS

Acorus calamus

Kalmus

Acorus calamus – Kalmus

Schon in Chinas ältesten Kräuterbüchern, die über mehr als 4000 Jahre alt sind, wurde die Kalmuswurzel als das beste Magenheilmittel gepriesen. Die dort gedeihende Sorte bringt – in den heißesten Gegenden – auch reife Samen hervor.
Bei uns wurde das „wohlriechende Rohr" (*Calamus aromaticus*, wie es einmal hieß), bereits im 16. Jahrhundert als Heilpflanze eingeführt – und zwar aus Indien, das die Heimat der auch in Nordamerika verbreiteten sterilen Sorte ist. Um diese Pflanze dürfte es sich auch bei den zwei Erwähnungen im Alten Testament (Moses und Hohelied) handeln. Verwendet wird bis heute das geschälte und aufgesplittete Rhizom, meistens für Magentees; die Wirkung beruht auf aromatischen Bitterstoffen, welche die Schleimhautsekretion im Magen anregen. Aus der Volksmedizin überliefert ist der Trick, sich mit Kalmus das Rauchen abzugewöhnen: Nach dem Kauen der Wurzel löst eine Zigarette (angeblich) leichten Brechreiz aus.
Diese feuchtigkeitsliebende Pflanze ist schon vor Jahrhunderten in den meisten Gebieten Europas verwildert – wir fanden sie zum Beispiel in den Donauauen. Es sind mächtige, schwertförmige Blätter, die – jeweils zwei, einander gegenüberstehend – über einen Meter hoch und knapp nacheinander aus dem sich schnell verlängernden Rhizom emporwachsen. In fettem, tiefgründigem Boden und auf einem vollsonnigen Standort entstehen auf diese Weise rasch sehr dichte Bestände; auch nach beiden Seiten hin bilden sich in kurzen Abständen neue Rhizome. Je ein (steriler) Blütenkolben bricht im beginnenden Hochsommer seitlich aus dem Blatt hervor.

Acorus c. ist natürlich für einen kleinen Teich gar nicht anzuraten; doch wird das beschriebene Wuchern im mageren Substrat sehr eingeschränkt.
Schöner ist *Acorus calamus „variegatus"* mit seinen gelb und grün gestreiften Blättern. Diese natürliche

Nächste Seite:
Acorus calamus „variegatus" – Gestreifter Kalmus

Alisma plantago-aquatica – Froschlöffel

Spielart des Kalmus neigt erheblich weniger zum Wuchern – und im Schwimmteichsubstrat so gut wie gar nicht: Die Pflanze bleibt unterernährt, doch standorttreu. Die gestreifte Varietät sollte man auch etwas seichter setzen – vielleicht um die zehn Zentimeter, während der grüne *Acorus* bis dreißig Zentimeter Wassertiefe verträgt.

Alisma plantago-aquatica

Froschlöffel

Diese Familie ist weltweit mit vielen Unterarten verbreitet.

Der bei uns heimische Froschlöffel heißt auch Wasserwegerich, wegen der Ähnlichkeit der Blätter mit jenen des Wegerichs *(Plantago)*.

Die Pflanze bildet zuerst lanzettförmige Unterwasserblätter, dann treibt sie an Stielen die einzelnen Luftblätter mehr oder minder hoch übers Wasser. Wie hoch, hängt vom Substrat ab – sie hält zwar so ziemlich jedes aus, würde aber üppige, nährstoffreiche Erde besonders lieben (deshalb ist *Alisma* auch nicht gefährdet). Dann kann sie über achtzig Zentimeter Höhe erreichen und sieht so richtig ins Kraut geschossen aus. Im armen Substrat des Schwimmteichs bleibt sie erheblich zarter, was ihr recht gut steht.

In ähnlicher Weise kleiner bleibt *Alisma* auch, wenn sie außerhalb des Wassers wächst.

Ihre kleinen weißen Blüten gehen – nie gleichzeitig – an einem hohen, christbaumartigen Blütenstand auf, der die Blätter noch überragt; je nach ihrem Austrieb blüht *Alisma* irgendwann zwischen Juni und September. Dann kommt es bald zu einer recht ertragreichen Samenausschüttung, die nicht jedermanns Freude ist: Denn im nächsten Jahr gehen rund um den Teich allerorts Froschlöffel auf – allerdings wiederum im Schwimmteichsubstrat weniger häufig als sonst. Wenn man das verhindern will, muß man die Blütenstände gleich nach der Blüte abschneiden.

Jedenfalls ist *Alisma* eine recht unproblematische Teichpflanze, da sie im Grunde mit allen Bedingungen – außer ganztägig tiefem Schatten – gut zurechtkommt.

Nächste Doppelseite:
Baldellia ranunculoides – Igelschlauch

Baldellia ranunculoides

Igelschlauch (Foto siehe vorhergehende Doppelseite)

Wie man an den dreizähligen Blüten sieht, ist dies ein kleinerer Verwandter des Froschlöffels.

Über den gewissermaßen dreistöckigen Aufbau der Pflanze wurde bereits gesprochen: Sie verfügt über verschieden spezialisierte Unterwasser-, Schwimm- und Luftblätter. Während sie im seichten Wasser kaum höher als fünfundzwanzig Zentimeter wird, kommt sie auch noch aus einer Tiefe von vierzig Zentimeter bis über die Wasseroberfläche empor. Dort scheint sie, bevor sie im frühen Sommer zum Blühen kommt, eher benachteiligt; tatsächlich aber überwintern die tiefer sitzenden Pflanzen mühelos, während jene am Ufer den Winter oft nicht überstehen. Und im Gegensatz zum Froschlöffel verträgt sie reichere Erde gar nicht; in einem armen, sandig-lehmigen Substrat hingegen breitet sie sich prächtig aus.

Das tut sie sowohl vegetativ als auch durch reichliche Samenausschüttung; *Baldellia* kann nach ein bis zwei Jahren überall am Teich auftauchen. Da es sich um eine zarte und hübsche Pflanze handelt, wird sie kaum irgendwo stören.

Butomus umbellatus

Schwanenblume (Blumenbinse)

Das ist einer der prächtigsten heimischen Blüher im Wasser; eine ebenso elegante wie hohe Pflanze, deren Blütenstand – mit einer breit ausgedehnten Dolde rotweißlicher Blüten – bis zu einem Meter fünfzig aus dem schmalen Blattbüschel emporragt.

Ein nicht blühender *Butomus* wäre eine arge Enttäuschung: Daher muß man ihn verwöhnen. Diese Pflanze verlangt tiefgründige, gute Erde, die man also schon bei der Anlage des Teiches bis zu dreißig Zentimeter hoch aufschüttet. Der Wasserstand darüber kann seicht sein und sollte auf jeden Fall nicht mehr als fünfundzwanzig Zentimeter ausmachen – zwar wächst *Butomus* auch noch in tieferen Zonen, blüht aber dann nicht mehr (gewissermaßen auf Jahre mit niedrigerem Wasserstand wartend – wie es eben in der Natur oft der Fall ist). Bei völligem Wohlbefinden verbreitet er sich auch relativ schnell, wird also dicht, was nur noch schöner ist, und samt sich außerdem noch reichlich aus; auch gibt er sich oft nicht mit nur einem Blütenstand zufrieden, sondern läßt nach dessen Verblühen noch einen zweiten folgen – so daß er den ganzen Hochsommer über ein erhebender Anblick bleibt.

Im armen Teichsubstrat allerdings würde er kläglich verkommen.

Schon die Kirgisen, Tungusen und Kalmücken schätzten diese Pflanze ganz besonders: allerdings, um die Rhizome in heißer Asche zu backen und mit Speck zu verzehren.

Gegenüberliegende Seite:
Butomus umbellatus – Schwanenblume

Calla palustris

Sumpfkalla, Drachenwurz

Was man im allgemeinen kauft, ist ein auf der Erde (des Töpfchens) aufliegendes Stückchen Rhizom, an dessen Ende ein, zwei Blättchen aufsteigen – wie gestielte runde Löffel. Nun sollte man ja nicht versuchen, dieses Rhizom, von dem Wurzelbüschel in die Erde gehen, im Teich dann „besser" einzugraben – unter der Erde faulen diese grünen Sproßachsen, die das Licht brauchen.

Diese Pflanze „kriecht" im seichten Wasser – etwa zwischen fünf und fünfzehn Zentimeter Tiefe – dahin; das Substrat muß weich sein (möglichst ohne Steine), dabei allerdings arm und etwas sauer – also keinesfalls zu kalkhaltig. Am besten wird man eine Mischung aus Sand, Torf und Gartenerde verwenden und diese in einer seicht-flachen Zone des Teiches einbringen. Und zudem muß dort Halbschatten herrschen; das heißt, die Sonne sollte nur einige Stunden – oder höchstens den halben Tag – direkt einstrahlen. Das klingt nach einem relativ komplizierten Aufwand für diese obendrein recht niedrige Pflanze. Aber wenn ihre Ansprüche befriedigt werden, dann lohnt sie das: Das Rhizom wächst nicht nur rasch weiter, sondern macht in kurzen Abständen seitliche Ausläufer, und so entsteht bald ein dichtes Netz über dem Boden – von dem man allerdings wenig sieht, da die üppigen, sattgrünen Blätter das Bild bestimmen. Aus diesen steigen dann die typischen Blüten der Aronstabgewächse – zu denen die *Calla* gehört – mit einem gelben Zapfen inmitten des weißen, aufgeschlagenen Halbtrichters. Und außerdem: die *Calla* ist in der Natur eher akut vom Aussterben bedroht – und sollte daher in vielen Teichen Aufnahme finden.

Allerdings muß auch gesagt werden, daß sie sehr giftig ist. Solange es genug davon gab, hieß sie in manchen Gegenden auch „Schweinekraut" – denn an diese Tiere wurde sie seinerzeit massenhaft verfüttert. Die Schweine haben andere Fermente im Magen als der Mensch; ihnen bekommt nicht nur die Drachenwurz, sondern selbst der Knollenblätterpilz.

Calla palustris – Drachenwurz

Gegenüberliegende Seite:
Carex elata – Aufrechte Segge, etwa ein Jahr alt

Carex elata

Aufrechte Segge (Foto siehe vorhergehende Seite)

Es gibt sogar Botaniker, die sich vor der Gattung *Carex* fürchten; sie besteht – zu Wasser und zu Land – aus so vielen Sorten, daß feinere Unterscheidungen nur noch Spezialisten gelingen.
Die *Carex elata* allerdings gehört zu den markanteren Pflanzen in dieser unübersichtlichen Verwandtschaft. Sie macht schmale, steife und sehr aufrechte Blätter und bildet mit diesen einen runden Horst, der höchst dekorativ aus dem Wasser ragt. In der Natur ist sie eine ganz typische Pflanze der Verlandungszone: Der Horst wird nicht nur jedes Jahr ein Stückchen breiter, sondern hebt sich – gewissermaßen auf dem Wurzelfilz des Vorjahres – auch um einige Zentimeter; im Laufe der Jahre entsteht etwas, das man als „Scheinstrunk" bezeichnen könnte – ein runder, durchwurzelter Sockel, der schließlich über die Wasseroberfläche hinauswächst, mit dem mittlerweile mächtigen Büschel *Carex elata* darauf. Solche „Strünke" können fast einen Meter hoch werden und ebenso breit – und wurden einst mit den spätherbstlich welken, braunen Blättern darauf, von einem Botaniker mit einem „struppig behaarten Gigantenhaupt" verglichen. So kann man sich sehr plastisch vorstellen, wie eine Verlandung vor sich geht: wenn Hunderte solcher Pflanzen ein Gebiet dicht besetzt haben. Das sieht sehr schön und auch reichlich exotisch aus.
Aus dieser Beschreibung ergeben sich bereits die vielseitigen Verwendungsmöglichkeiten von *Carex elata* in der Pflanzenzone: Man setzt sie etwa in einem halben Meter Tiefe (oder noch tiefer) und wartet, daß dieser eine Horst im Laufe der Jahre immer größer, höher und attraktiver wird. Dasselbe kann man natürlich auch nahe am Ufer tun – oder in irgendeiner Zone dazwischen. Sie wird dort überall gedeihen. Ihre ährenartigen Blütenstände samen sich – etwa im Juni – schnell aus und können auch im Teich zu einer Vermehrung führen.
Natürlich ist eine Verlandungszone schlammiger und nährstoffreicher als das Schwimmteichsubstrat – aber allzu hohe Nährstoffwerte liegen dieser Segge gar nicht; da muß sie das Terrain dann anderen überlassen. Mit dem Schwimmteichsubstrat kommt sie gut zurecht: Vielleicht ist die Entwicklung um eine Spur langsamer, die Blätter werden nicht einen Meter hoch, sondern etwas weniger – aber es sei wiederholt: Das ungehemmte Wuchern ist im Teich meistens nicht erwünscht; und sei es schlicht, um weniger Arbeit zu haben.

Cyperus longus

Langes Zypergras

Diese etwas über einen Meter hohe Pflanze sieht am ehesten wie eine üppige Schilfpflanze aus, nur der Blütenstand mit seinen auseinandergespreizten Ährchen und Deckblättern gibt der Pflanze ein noch hübscheres Aussehen – vor allem, wenn sie als solitäre Gruppe im Wasser steht. Wo man im seichteren Wasser – zwischen dem Ufer und zwanzig Zentimeter Tiefe – einen kräftig grünen Effekt setzen möchte, ist sie sehr geeignet.
Cyperus neigt dazu, sich schnell mit relativ langen Ausläufern auszubreiten – woran ihn allerdings steiniges Teichsubstrat erheblich hindert. Es ist eine recht verläßliche Teichpflanze – um so verwunderlicher mag es scheinen, daß sie heute in der Natur so gut wie ausgestorben ist. Das sollte man als einen Grund mehr betrachten, ihr im Teich einen Überlebensraum zu schaffen.

Eleocharis acicularis

Nadelbinse

Von dieser Pflanze war im Text schon die Rede – als „Unterwasserrasen". Die sehr feinen, gras- oder fast fädchenartigen Blätter werden nicht höher als zehn Zentimeter; die Ausbreitung geschieht über wandernde Rhizome.
Und sie wandert weit und tief im Teich, nämlich bis zu einem halben Meter unter die Oberfläche – obwohl sie nur außerhalb des Wassers, mit winzigen Ährchen, blüht. Und auch auf diese Weise verbreitet sie sich. Niemand wird etwas dagegen haben: Das frische Grün am Grund ist schön und entläßt ständig kleinste Sauerstoffperlen an die Oberfläche.
Und das Teichsubstrat behagt ihr, da sie ein Spezialist für extreme Armut ist (daher auch höchst gefährdet); allerdings wird sie durch die Steine stark behindert, also weniger dicht als etwa in einem rein sandigen Boden. Eine gelegentlich behauptete Kalkfeindlichkeit konnten wir nie beobachten; wahrscheinlich kennt *E. acicularis* die entsprechenden Fachbücher nicht.

Cyperus longus – Langes Zypergras, rechts

Eleocharis acicularis – Nadelbinse

Eleocharis palustris

Sumpfbinse

Rund dreißig Zentimeter hohe, runde Stengel stehen dicht: Das wäre in etwa die angemessene Beschreibung der Pflanze. Im Sommer entstehen darauf kleine – nun, auf österreichisch nennt man das „Wupperln": etwas zwischen Knöpfchen und Ährchen, „lieb und herzig". Und das ist es – nicht spektakulär, aber hübsch.

Auch *E. palustris* ist eine typische Pflanze der Verlandungszone. Sie reicht von der Feuchtwiese bis mindestens zwanzig Zentimeter Wassertiefe und wird überall dicht. Ihr Rhizom kann in einem Sommer gut und gern anderthalb Meter weit wachsen; und ohne Hindernis dazwischen meistens schnurgerade – was dann doch sehr witzig ausschaut, wenn die Halme in einer Reihe aus dem Wasser wachsen, als wäre das mit dem Lineal vorgezeichnet worden.

Am schätzenswertesten jedoch ist ihre völlige Indifferenz: gegen Nährstoffreichtum oder -mangel, gegen leicht saures Wasser oder Kalk. Sie wächst – und ist natürlich auch nicht vom Aussterben bedroht.

So viel ausdehnungsbereite Daseinsfreude kann man natürlich nicht überall im Teich brauchen. Aber es mag immer wieder kritische Stellen geben, wo das Substrat – etwa durch Abrutschen auf einer zu steilen Böschung – recht dünn geworden ist, oder auf einer zu knapp geratenen Pflanzenterrasse mit zweifelhaft gewordenen Bedingungen: Dort wird man diesen Pionier getrost einsetzen. *E. palustris* wird sich bewähren.

Da die Pflanze aus Verlandungszonen üppigere Bedingungen gewohnt ist, kann man schließen, daß auch *E. palustris* direkt aus dem Wasser Nährstoffe entnimmt (und sei es im höher gelegenen Wurzelbereich, vielleicht mit „kultivierten" Bakterien), um sich dermaßen unabhängig von direkt erkennbaren Bedingungen zu machen. Das würde sie nur noch schätzenswerter machen.

Eleocharis palustris – Sumpfbinse

Gegenüberliegende Seite:
Glyceria maxima „variegata" – Gestreifter Wasserschwaden

Glyceria maxima („variegata")

Wasserschwaden (Foto siehe vorhergehende Seite)

Es handelt sich um ein Gras, das – mit einem beblätterten Rohrstengel – wie Schilf wächst und zwei Meter hoch werden kann. Ein naher Verwandter von *G. maxima,* nämlich *G. fluitans,* wurde bis gegen Ende des vorigen Jahrhunderts in vielen europäischen Ländern noch eifrig beerntet, um aus den kleinen Körnchen seiner Samenrispe die recht nahrhafte „Schwadengrütze" zuzubereiten – ein Brauch, der mit den Trockenlegungen in Vergessenheit geriet. (Man könnte auch diese Pflanze in den Teich setzen – aber sie würde sich schreckenerregend vermehren.)

Von *Glyceria maxima* werden (eher: wurden) manchmal die frischen Stengel gekaut (glykos = süß). Wichtig ist diese Pflanze wegen ihrer enormen Bereitschaft, Nährstoffe zu zehren: was allerdings eher für biologische Kläranlagen ausnützbar ist; im Teich würde ihr Wuchern viele zartere Pflanzen verdrängen.

Doch hat sie einen äußerst angenehmen Verwandten: *Glyceria maxima „variegata".* Wie bei der „Variegatus"-Art des Kalmus sind die Blätter gelb und grün gestreift, wobei sie beim Austreiben – teilweise weich und schwimmend – noch dazu eine rötliche Färbung haben.

Das ist – etwa zwischen rein grünen Pflanzen – auffällig dekorativ; wozu noch kommt, daß diese „Varietät" im allgemeinen nicht höher als siebzig Zentimeter wird. Doch Nährstoffe zehrt sie – wie *G. maxima* und das gewöhnliche Schilf, *Phragmites australis* – vor allem, indem sie aus den Wurzeln Sauerstoff an die Bakterien abgibt und damit für eine besonders hohe Zersetzungsrate sorgt.

Natürlich wäre ihr ein schlammigeres Substrat lieber als jenes des Schwimmteichs; aber dieses hält sie wenigstens in gebührlichen Grenzen – größere Umtriebigkeiten werden verhindert.

Als Setztiefe sind rund zehn Zentimeter zu empfehlen; aber genauso könnte man null bis zwanzig sagen.

Hydrocharis morsus-ranae

Froschbiß

Das ist eine recht kleine, meist frei schwimmende Pflanze. Nach ihren Schwimmblättern könnte man sie für eine kleine Abart der Seerosen oder zumindest der Seekanne halten – was völlig falsch ist; nach der dreizähligen weißen Blüte jedoch für einen Verwandten von Froschlöffel und Igelschlauch – was stimmt (die allernächsten Verwandten von ihr leben kurioserweise in Indonesien).

Der Froschbiß wird von Wildenten gefressen und nicht von Fröschen; diese halten sich jedoch gern bei ihm auf, wenn er ein schwimmendes und damit bergendes Dickicht bildet, und fressen von der Unterseite der Schwimmblätter gerne Würmer und andere Wassertiere ab.

Diese Pflanze bildet sogenannte „Winterknospen" und taucht relativ spät auf: Wenn man sich erinnert, wo im Herbst eine Ansammlung davon vorhanden war, sollte man im Frühjahr an solchen Stellen die Algenwatte nicht intensiv bis zum Grund entfernen – man könnte auch die „Turionen" der *Hydrocharis* unfreiwillig abfischen.

Obwohl es – „im Prinzip" – eine rein schwimmende Pflanze ist, verankert sie sich nicht ungern am Grund; und wächst beim Entstehen im Frühling langsam der Oberfläche entgegen – an den Wurzeln eben wie an einem Anker hängend. Dort breitet sie sich dann mit Ablegern aus, wobei alle aus einer Sippe zusammenhängend bleiben – als wäre die Nabelschnur fürs ganze Leben (dieses Jahres) gedacht.

Was *Hydrocharis morsus-ranae* gar nicht liebt, ist Wind; am Teich wird es eine ziemlich geschützte Bucht sein, die sich die Pflanze aussucht, um dauerhaft aufzutreten. Eine gewisse – aber keineswegs völlige – Beschattung macht die kleinen Schwimmblätter lebhaft grün; zu viel Besonnung eher rotbraun und dumpf. In der Natur ist sie im Aussterben begriffen – im Teich hingegen eher leicht zu halten.

Hydrocharis morsus-ranae – Froschbiß

Iris pseudacorus

Wasser-Schwertlilie

Der lateinische Beiname stellte die Sache chronologisch auf den Kopf. Denn er meint „falscher Kalmus“, als sollte die seit uralten Zeiten heimische Wasser-Schwertlilie nicht mit dem – entwicklungsgeschichtlich – erst kürzlich importierten *Acorus* verwechselt werden. Tatsächlich sind die hohen Blätter der beiden Pflanzen außerhalb der Blütezeit schwer auseinanderzuhalten – aber es müßte der neu hinzugekommene *Acorus* eher *pseudiris* heißen . . .

So beeindruckend bei beiden Pflanzen diese großen Schwertbündel an intensiv grünen Blättern übers Jahr auch bleiben: der eindeutige Höhepunkt der ganzen Vegetationsperiode sind bei der *Iris* doch die großen Blüten. Sie leuchten strahlend gelb, mit zarten Äderungen von Rotbraun und Weiß darin. Jede einzelne ist ein Schauspiel an Prächtigkeit – übrigens nicht nur für uns, sondern auch für die Hummeln, denen ihre sehr konkrete Erwartung auf süßen Fruchtgenuß mindestens so lieb ist wie uns der bloße Anblick. (Es ist vor allem die Freude der Tiere – von tollend bis zur Tollheit –, die uns ihr emotionelles Bewußtsein so nahebringt – wie leider oft auch ihr Leiden. Hummeln übrigens können „zahm“ werden – Menschen wiedererkennen und ein Verhältnis zu ihnen entwickeln. Das ist selten . . . aber umgekehrt noch mehr.)

Nur zwei Dinge sind an der Blüte der *Iris pseudacorus* zu bedauern: daß sie völlig geruchlos ist – etwa im Gegensatz zur *Iris germanica* – und daß sie so kurz hält. Nämlich im allgemeinen bloß zwei oder drei Tage; zwar sind noch Knospen da – in einem der tieferen „Stockwerke“ –, die sich unmittelbar darauf öffnen; aber das gesamte Vergnügen dauert kaum länger als eine Woche. Noch dazu in einer Zeit – Ende Mai, Anfang Juni –, in der unter Umständen schlechtes Wetter oder ein Frühlingssturm soviel entfaltete Zartheit überlasten; dann dreht sich das dünne Blütengewebe wie ein welkes Säckchen zusammen, vielleicht noch vor der Befruchtung.

Doch im allgemeinen kommt es zu einer reichlichen Samenausbildung; und in der Natur sieht man im Frühling am Ufer oft ganz winzige, keimende Wasser-Schwertlilien. Diese große, schöne Pflanze ist vorläufig noch nicht sonderlich bedroht; sie verträgt viel angesammelten Schlamm samt Nährstoffüberschuß. Das kann man ihr im Teich auch gewähren, wenn sehr viel Platz für eine dichte Ausdehnung vorhanden ist.

Doch im Grunde müßte es nicht sein; *Iris pseudacorus* kommt auch im mageren Teichsubstrat oder in sandigem Lehm weiter. Die Pflanze ist so robust wie die Blüte empfindlich. Sie wird in ärmlichen Verhältnissen nicht unbedingt einen Meter oder noch höher, aber spätestens im zweiten Jahr blüht sie. Wenn man ihr ein größeres Ausdehnungsgebiet und einige Üppigkeit zubilligen will, reicht es durchaus, dem allgemein verwendeten Substrat örtlich ein paar Schäufelchen besserer Erde beizumischen.

Früher, als noch Überschuß an all diesen Pflanzen herrschte und man bloß zu den nächsten Tümpeln gehen mußte, wurden die Rhizome der Wasser-Schwertlilie, da sie besonders gerbsäurehaltig sind, ausgegraben und tatsächlich zum Gerben von Leder verwendet.

Gegenüberliegende Seite:
Iris pseudacorus – Wasser-Schwertlilie

Juncus effusus „Spiralis"

Korkenziehersimse

Während der gewöhnliche *Juncus effusus* durch übermäßiges Wuchern eher stören würde, ist diese Laune der Natur eine – für manchen fast schon zu originelle – Bereicherung der Teichbepflanzung.
Im übrigen können auch *Schoenoplectus lacustris* und der nah verwandte *Schoenoplectus tabernaemontani „Zebrinus"* manchmal in schraubiger Form auftreten, nämlich wenn sie im steinigen Substrat auf ein einseitiges Wachstumshindernis stoßen. Die „Korkenziehersimse" ist unabhängig von solchen Begründungen und schraubt sich immer.
Man kann sie allerdings nur ins Moorbeet setzen; überall sonst würde sie ziemlich verkommen; am wohlsten fühlt sie sich zwischen dem Ufer und einem Wasserstand, der nicht tiefer als zehn Zentimeter sein sollte.

Lemnaceae

Wasserlinsen

Von dieser Pflanze war schon ausführlich die Rede: daß die Wurzeln nur Stabilisatoren sind, daß sie über die gesamte Oberfläche ausgebreitet als „Entengrütze" bezeichnet und auch gefressen wird usw.
Ein bißchen genauer betrachtet, gibt es einige Wasserlinsengewächse – die auch nicht alle den Hauptnamen *Lemna* führen.
So heißt die Teichlinse *Spirodela polyrhiza:* Sie wird bis zu einem ganzen Zentimeter groß, ein glänzendes rundes Blättchen, das unterseits immer, auf der Oberseite häufig purpur überlaufen ist und – das ist die Bedeutung von *polyrhiza* – mehrere Wurzeln hat.
Die verbreitetste Wasserlinse ist *Lemna minor*, die nur rund einen halben Zentimeter groß ist und fast immer jenes pure Hellgrün ausstrahlt, das als Charakteristikum der „Entengrütze" gelten kann: also nicht so dumpf wie Erbswurstsuppe.
Lemna gibba hingegen – die Buckel-Wasserlinse – hat genau diese etwas dumpfere Farbe der Suppe, wobei im Graugrün auch Rotbräunliches möglich ist; sie verträgt auch mehr Sonne als die kleinere Verwandte, sollte aber in einem Schwimmteich keine Überlebenschance haben: denn sie zeigt totalen Nährstoffüberschuß im Wasser an und vermehrt sich zum Beispiel besonders gut in überlasteten Klärteichen (wo sie auch funktionell eingesetzt werden könnte, wenn eine gleichzeitige Wasserbeschattung durch sie erwünscht ist).

Lemna minor und *Spirodela polyrhiza* – gemischte Wasserlinsen

Gegenüberliegende Seite:
Juncus effusus „Spiralis" – Korkenziehersimse

Erheblich anders sieht *Lemna triscula* aus – die Untergetauchte oder Dreifurchige Wasserlinse. Hier sind die – bis zu einem Zentimeter langen – Blättchen schmal lanzettförmig und durch Stiele miteinander zu größeren Einheiten verbunden, die unter Wasser dahindriften. Es handelt sich um das einzige Familienmitglied, das außer Schatten und Kühle vor allem klareres und nährstoffärmeres Wasser schätzt – also gefährdet ist; es kommt in immer weniger Gebieten vor. Wahrscheinlich (in Mitteleuropa) gänzlich ausgestorben – jedenfalls seit langer Zeit nicht mehr nachgewiesen – ist *Wolffia arrhiza,* die Zwergwasserlinse (ohne Wurzeln, wie der Beiname besagt). Sie ist oder war nicht nur die kleinste der *Lemnaceae,* sondern überhaupt die kleinste Blütenpflanze der Welt. (Vielleicht gibt es sie noch irgendwo in Afrika oder Australien oder Südostasien – denn sie war einmal ein Kosmopolit.)

Wasserlinsengewächse sind Blütenpflanzen – aber sie zeigen es extrem selten. Im Mikroskop sieht man sehr schön, wie sich ein neues Blatt mit verdichteten Zellen inmitten des gar nicht so alten mehr oder weniger fertig bildet und sich dann, beim Heraussprießen, gewissermaßen nur noch auffaltet oder ausstülpt – bis es sich zur Selbständigkeit trennt; das ist zur erfolgreichsten Vermehrungsart geworden.

Im Schwimmteich haben fast alle Wasserlinsen wenig Chance – aber es sind so interessante und seltsame Gewächse, daß man keineswegs von vornherein auf sie verzichten sollte. Und wenn sie dann nur in geringer Anzahl an schattigen Rändern überleben, ist das gerade recht: denn durch die „Entengrütze“ will ohnehin kaum einer schwimmen.

Menyanthes trifoliata

Fieberklee

Der Fieberklee – zur Familie der Enziangewächse gehörend – ist eine ganz typische Pflanze der Verlandungszone und kann im Flachwasser sehr große Gebiete besetzen. So war das zumindest früher der Fall; heute ist er eher akut vom Aussterben bedroht.

Das Rhizom verhält sich ein bißchen wie jenes der Sumpfkalla: Es ist grün und will nicht unter die Erde gesetzt sein, sondern knapp oberhalb dahinwandern, doch lieber unter Wasser als am Ufer. Man setzt es – wie jenes der *Calla* – in ungefähr fünf bis fünfzehn Zentimeter Tiefe und braucht im Grunde nur darauf zu achten, daß die Wurzeln dieser Sproßachse im Substrat verankert sind – denn sonst würde sie aufschwimmen. Dann wächst das Rhizom weiter, und man braucht sich wirklich nicht mehr einzumischen: *Menyanthes* sucht sich seine eigenen „Setztiefen“, sei es am Ufer, sei es im Tieferen. Innerhalb weniger Jahre kann es meterweit werden, mit vielen Seitentrieben.

Zumindest bei jeder der eher knapp aufeinander folgenden Teilungen der Sproßachse – und jeder Abschnitt wäre theoretisch die Grundlage einer neuen Pflanze – kommen die dreiteiligen „Kleeblätter“ übers Wasser hervor. *Menyanthes* ist aber keineswegs mit irgendeinem Klee verwandt – sondern mit einer anderen Wasserpflanze, nämlich der Seekanne *(Nymphoides peltata).*

Und wenn auch die Farbe der nicht großen, aber doch spektakulären Blüten anders ist – bei *Menyanthes* leuchtend weiß, dabei rosa behaucht, mit dem Dunkelpurpur der Staubbeutel in der Mitte –, so sieht man doch in der filigranen Blütenausbildung die Ähnlichkeit des Aufbaus.

Warum *Menyanthes* vom Aussterben bedroht ist, liegt am weltweit verabreichten Nährstoffüberschuß. Das Schwimmteichsubstrat ist allerdings auch nicht sein Ideal, es hätte gerne eine weichere Armut ohne Steine darin; ein gewisser Torfanteil statt dessen täte recht gut, da sie mäßig saures bis neutrales Wasser besser verträgt – man wird daher *Menyanthes* eher ins Moorbeet setzen oder ihr ähnliche Voraussetzungen schaffen: dann wird sie von Jahr zu Jahr üppiger. Solange die Pflanze noch massenhaft vorkam, wurden die Blätter im Frühling mit der Sense (!) geerntet, getrocknet und medizinisch als Tee gegen Magenstörungen, Appetitlosigkeit und auch gegen Fieber verwendet. Letztere Wirkung ist allerdings nicht nachweisbar und entspringt vielleicht nur einem sprachlichen Irrtum – da der Fieberklee ursprünglich eher Biberklee geheißen hatte.

Orontium aquaticum

Goldkolben (Foto siehe Seite 128)

Wir nennen die Pflanze lieber eine „eingewanderte“ als eine „ausländische“ – tatsächlich ist sie schon viele Generationen lang hier. Natürlich wanderte sie nicht ein, sondern wurde – aus Nordamerika – gebracht: um ihres hohen Reizes willen.

Der fängt schon bei den gestielten, üppig über das Wasser ragenden Blättern an: Sie sind von einem ganz intensiven, durchaus nur zu dieser Pflanze gehörigen Blaugrün. Überragt werden sie von den Blü-

Gegenüberliegende Seite:
Menyanthes trifoliata – Fieberklee

ten: Auf hohen weißlichen Stielen erheben sich die „goldenen" – eher tiefgelben – Kolben, und zwar bereits im Mai. Diese erinnern in ihrer Gestalt ein wenig an jene der Sumpfkalla, nur daß sie von keinem scheinbaren Blütenblatt umgeben sind; tatsächlich gehören beide – *Calla* und *Orontium* – zur selben Pflanzenfamilie, nämlich den Aronstabgewächsen.

Im allgemeinen wird für diese Pflanze ein besonders tiefgründiges und fruchtbares Substrat empfohlen – doch in Torferde entwickelt sie sich noch viel kräftiger und größer. Deshalb sollte sie, gerade in einem nährstoffarmen Schwimmteich, unbedingt ins Moorbeet gesetzt werden, und zwar vom Ufer bis rund fünfzig Zentimeter Tiefe. Dabei ist interessant, daß sie ihre an sich recht gerade emporragenden Blätter ab etwa vierzig Zentimeter Tiefe in Schwimmblätter verwandelt, was ebenfalls sehr reizvoll ist.

Die neuen Pflanzen, die jedes Jahr seitlich aus dem Rhizom wachsen, bleiben so dicht an diesem, daß man eigentlich meint, es sei immer die gleiche Pflanze, die eben jedes Jahr größer erscheint und mit mehr Blüten erfreut – aber tatsächlich handelt es sich dann um ein ganzes, fest verbundenes Bündel von Pflanzen. Deshalb sollte man schon anfangs einen größeren Setzabstand wählen, etwa vierzig bis fünfzig Zentimeter.

Wenn es zu ihrer Blütezeit – ungefähr in der zweiten Maihälfte – nicht nur sonnig, sondern auch schon recht warm wird, ergibt es sich öfters, daß die untersten Samen ausreifen. Nach einiger Zeit lösen sie sich von dem ins Wasser abgesunkenen Kolben und können, vor allem im Moorbeet, zu neuen Pflanzen werden.

Gegenüberliegende Seite:
Orontium aquaticum – Goldkolben

Pontederia cordata

Hechtkraut

Und gleich die zweite Nordamerikanerin – aber längst eingebürgert und da und dort auch verwildert. Die Pflanze kann über einen halben Meter hoch werden, wobei allein schon die dichten, herzförmigen Blätter auf den hohen Stielen sehr reizvoll sind. Vor allem aber steuert sie zum Teich die am Wasser sehr seltene Farbe Blau bei, mit einem leicht violetten Ton: wenn sie im Juli und August ihre großen Blütenähren öffnet.

Im Schwimmteichsubstrat bleibt sie etwas kleiner und zarter, auch blüht sie nicht ganz so üppig, aber doch

Pontederia cordata – Hechtkraut

verläßlich. Natürlich kann man ihr – punktuell, nach Setzplan – einige Schäufelchen Erde beimengen: irgendwo zwischen zehn und dreißig Zentimeter Tiefe. Doch samt sie sich auch aus und wächst dann ohnehin in Ufernähe, wo es ihr behagt. Wenn sie hingegen in nichts als gutem Substrat sitzt, werden die Exemplare sehr üppig, und es kommt zu einer relativ raschen Ausdehnung des Bestands – was also nur in einem größeren Teich in Frage kommt.

Potamogeton crispus – Krauses Laichkraut

Potamogeton crispus

Krauses Laichkraut

Es wächst auch in der tiefen Zone – bis etwa ein Meter –, läßt sich aber schon ab dreißig Zentimeter verwenden. An Nützlichkeit – als stark klärende Pflanze – ist es durchaus mit dem größeren Glänzenden Laichkraut vergleichbar; es bindet auch ebenso wie dieses besonders viel Kalk an der Unterseite seiner Blätter.

Daß man es im Seichteren verwenden kann, liegt vor allem daran, daß die Pflanze nicht so hoch wird (sie lebt, von den Blüten abgesehen, immer zur Gänze untergetaucht). Und außerdem sind die länglichen, stark gewellten Blätter dieses Laichkrauts wohl die hübschesten in dieser nicht durch Schönheiten berühmten Familie – man könnte sie nachgerade interessant finden.

Daß dieses Laichkraut Halbschatten schätzt, macht es auch zwischen und unter größeren Pflanzen verwendbar; und im Teichsubstrat dehnt es sich nicht ungebührlich aus. Wenn sich aber im Herbst am Ende der Stämmchen dichtgedrängte und steifere Blätter bilden, sind dies bereits die „Winterknospen“, die im nächsten Jahr zu einer stärkeren Vermehrung führen können; natürlich kann man sie auch entfernen.

Gegenüberliegende Seite:
Ranunculus lingua – Zungen-Hahnenfuß

Ranunculus lingua

Zungen-Hahnenfuß (Foto siehe vorhergehende Seite)

Der Name ist nicht sehr überzeugend nach der zungenförmigen Form der Unterwasserblätter gewählt – die eigene Zunge sollte man von diesem Hahnenfuß fernhalten, da er sehr giftig ist.
Es ist ein recht stattliches Gewächs, das – im allgemeinen aus einer Tiefe von dreißig oder vierzig Zentimeter – heraufwächst: Es kann gut achtzig Zentimeter hoch werden. Oben dann trägt es typische Hahnenfußblüten – in sattem Goldgelb, unter der Sonne speckig glänzend und fast spiegelnd, vor allem aber: mit einem Durchmesser von bis zu vier Zentimeter erstaunlich groß. Das macht – im Hochsommer – den typischen Reiz dieser Pflanze aus, die einst recht verbreitet war, heute aber bereits stark gefährdet ist.
In diesem Fall liegt das ausschließlich an der Vernichtung der Lebensräume – denn Nährstoff verträgt sie genug, wird damit eher allzu üppig und verbreitet sich vor allem mit langen Ausläufern ziemlich rasch, wobei etwa alle zehn Zentimeter ein neuer großer *Ranunculus l.* entsteht. Dafür hat man ohnehin nur im großen Teich Platz – im Schwimmteich hingegen wird er, wie so viele andere Pflanzen, vor allem durch das Substrat in Schach gehalten. Manchmal muß man die Ernährungslage sogar etwas aufbessern, damit er überhaupt blüht – was natürlich der Hauptsinn ist. Oft bildet die Pflanze im Tieferen kleine Ableger, die auch im Winter unter Eis grün bleiben.

Sagittaria sagittifolia

Pfeilkraut

Die steif übers Wasser ragenden Blätter in der Form von Pfeilspitzen machen die Pflanze unverwechselbar; die weißen, bis zu zwei Zentimeter großen Blüten erinnern mit ihrer Dreizähligkeit an den Froschlöffel sowie den Igelschlauch – mit denen sie tatsächlich verwandt ist.
In der Natur – wo sie übrigens stark gefährdet ist – besiedelt sie, oft gemeinsam mit dem Igelkolben, seichtere Verlandungszonen, die starken Wasserschwankungen ausgesetzt sind; und die etwas weniger nährstoffreich sein müssen, als dies großen Schilfarten zuträglich ist.
Pflanzen, die sehr verschiedenen Wasserstand ertragen (und manchmal auch brauchen), wird man am Teich nicht bei ihren Extrema ansiedeln: *Sagittaria* also weder auf dem Ufer noch in einem halben Meter Tiefe, sondern etwa zwischen zehn und dreißig Zentimeter. Und was das Substrat betrifft, bewährt sich auch in diesem Fall, ihren Wünschen nicht zur Gänze entgegenzukommen – sonst würde sie bis zu einem Meter hoch und außerdem sehr rasch in andere Pflanzenzonen einwandern.
Im Schwimmteichsubstrat bleibt sie nicht nur kleiner, sondern macht auch – wie an sich unter Wasser – mehr riemenartige als pfeilförmige Blätter; doch die Blüten kommen ohnehin – und sehr hübsch ist die Pflanze allemal.
Bei *Sagittaria latifolia* fallen die Pfeilspitzen etwas breiter aus; dafür bleibt die Pflanze insgesamt etwas zarter – bei der Berührung ist sie sehr brüchig – und kommt ebenfalls mit dem Schwimmteichsubstrat einigermaßen zurecht.
Im Herbst bildet *Sagittaria* – ein Kosmopolit der nördlichen Halbkugel – am Ende ihrer Ausläufer eichelartige Knollen, die häufig als „Zwiebeln“ bezeichnet werden. Diese wurden seit je in vielen Zonen gerne gegessen: an der Wolga ebenso wie bei nordamerikanischen Indianern; den Chinesen liegt so viel daran, daß sie die Pflanze eigens züchten, um genug dieser „Zwiebel“ als Delikatesse auf die Märkte bringen zu können.

Gegenüberliegende Seite:
Sagittaria sagittifolia – Pfeilkraut

Schoenoplectus lacustris – Teichbinse

Schoenoplectus lacustris (früher: Scirpus l.)

(Grüne) Teichbinse (Flechtbinse)

Von dieser Pflanze war (gemeinsam mit *Phragmites* und *Glyceria*) in diesem Buch schon viel die Rede: wegen ihrer Fähigkeit, aus den Wurzeln an die umgebenden Bakterien Sauerstoff abzugeben; und wegen ihres Einsatzes als „lebende Kläranlage". Ihr Nutzen für den Teich steht also fest.

Es sind fingerdicke, runde Halme, die von einem bis über drei Meter hoch werden können; ihr kleiner Blütenstand aus wenigen gestielten Ährchen liegt an der Spitze des Halms. Wo man so hohe Pflanzen brauchen kann, ist sie durchaus dekorativ – mit der Zeit wird sie sehr dicht. Durch Aussamung kann sie auch überall am Ufer neu entstehen – was man vielleicht unter Kontrolle halten sollte, indem man die jungen Pflanzen gegebenenfalls ausreißt. Extremen Höhen und allzu grenzenloser Ausbreitung wirkt das Schwimmteichsubstrat wohltuend entgegen. Man hat es hier mit einer Pflanze zu tun, die im Ruf steht, Nährstoffüberschüsse glänzend bewältigen zu können – tatsächlich aber ist sie ein Überlebensmeister, der mit sehr vielen Bedingungen, also auch denen des Teichs, glänzend zurechtkommt.

Früher wurde sie stark genutzt, worauf schon der Name „Flechtbinse" hinweist; heute ist sogar ihr Lebensraum schon allzu stark eingeschränkt.

Schoenoplectus tabernaemontani „Zebrinus"

Zebrabinse

Schoenoplectus tabernaemontani „Zebrinus" – Zebrabinse

Der *S. tabernaemontani* ist der vorigen Pflanze sehr ähnlich; die Halme sind weniger intensiv grün, sondern etwas graublau gedämpft; und insgesamt wird er auch weniger groß; aber noch immer recht stattlich.
Eine Laune der Natur hat von dieser Pflanze eine Panaschierung (allgemein: helle Flecken im Blattgrün) ergeben, die sich großer Beliebtheit erfreut – die sogenannte Zebrabinse. Bei ihr ist der Halm von unten bis oben geringelt – einmal grün, einmal gelbweiß. Das ist vor allem im Frühling beim Austrieb sehr intensiv, verblaßt aber zunehmend.
Diese Pflanze ist noch etwas kleiner, noch etwas weniger ausbreitungsfreudig, dafür aber höchst dekorativ – und verfügt weiterhin über alle guten Eigenschaften der Verwandtschaft. Vielleicht mit einer Ausnahme: sie ist weniger robust – also weniger krankheitsresistent. (Im Schwimmteich kann man gegen Pflanzenkrankheiten extrem wenig unternehmen, da das Spritzen von Chemikalien und ähnliches natürlich nicht in Frage kommt – daher sollte man beim Auftreten von Schäden sofort alle befallenen Blätter oder Halme abschneiden).
Die Zebrabinse kann man zwar, wie die Verwandten, recht tief setzen – doch seichtere Stellen, etwa zwischen zehn und zwanzig Zentimeter, bekommen ihr besser.
Im allgemeinen ist sie relativ teuer und im Angebot beschränkt: Wenn man nämlich ihre reifen Samen aussät, erhält man den ganz gewöhnlichen *S. tabernaemontani,* ganz ohne Ringelung (die also offensichtlich genetisch nicht festgelegt ist) – dafür aber gleich viel wachstumsfreudiger. Sie kann also nur vegetativ vermehrt werden und neigt, wie gesagt, nicht zum Wuchern.

Sparganium erectum

Igelkolben

Wie das Pfeilkraut gehört der Igelkolben zu schlammigen Verlandungszonen mit stark schwankendem Wasserstand – wobei er etwas tiefer gehen kann als das Pfeilkraut.

Ohne Blüte sieht *Sparganium* einem Breitblättrigen Rohrkolben oberflächlich ähnlich – und gehört auch in diese Verwandtschaft. Den Reiz machen natürlich die „Igelkolben" aus – nämlich die Fruchtstände am verzweigt wachsenden Bütenstengel: stachelige Bälle. Und diese bleiben einem, da die Früchte sehr langsam reifen, von Juni an den ganzen Sommer über erhalten.

Es ist eine durchaus robuste Pflanze, die unter günstigen Bedingungen über anderthalb Meter hoch werden kann; wobei sie rund zwanzig bis vierzig Zentimeter tief im Wasser sitzen sollte. Im mageren Substrat braucht sie etwas länger, um sich zu entwickeln – die „Igelkolben" kommen vielleicht erst im zweiten oder dritten Jahr –, aber das ist durchaus kein Schaden. Ebenso wie die großen Rohrkolben bildet sie dann Wurzeln an der Oberfläche, die direkt aus dem Wasser zehren.

Stratiotes aloides

Krebsschere (Wasseraloe, Wassersäge)

(Foto siehe nächste Seite)

Diese höchst seltsam und eher exotisch aussehende Schwimmpflanze ist in ihrer Gattung die letzte Überlebende von Formen, die bereits im Tertiär verschwunden sind; und heute ist auch diese einzige *Stratiotes* extrem vom Aussterben bedroht. (Noch vor hundert Jahren wucherte sie Gräben zu und wurde zum Schweinefüttern verwendet.)

Es handelt sich um eine frei schwimmende Rosette mit scharf gesägten Blättern; die hängenden Wurzeln entnehmen allen Nährstoff dem Wasser, können im Seichteren die Pflanze aber auch fest verankern. Ihre weißen, meist über zwei Zentimeter großen Blüten tauchen ab Juni auf (und zeigen eine weitläufige Verwandtschaft mit Froschlöffel, Igelschlauch und Pfeilkraut), die Samen bleiben meistens taub. Doch vermehrt sie sich hinreichend durch Ausläufer; vom Grund der Rosette entspringt ein Sproß, an dem sich dann in einiger Entfernung eine Jungpflanze bildet, die sehr lange mit der Mutterpflanze verbunden bleibt. Im Spätherbst sinkt *Stratiotes* auf den Grund ab und überwintert dort; mit dem im Frühling einsetzenden Wachstum steigt sie langsam wieder an die Oberfläche auf.

Diese Pflanze ist viel zu interessant und reizvoll, um ihr nicht in einer windgeschützten und teilweise beschatteten Bucht des Schwimmteichs eine Chance zu bieten. Allerdings hat man bei Schwimmpflanzen keine Möglichkeit, die Bedingungen punktuell für sie genau anzupassen. Und der Nährstoffgehalt des Wassers schwankt nicht nur, sondern wird im Schwimmteich prinzipiell niedriger gehalten, als es einer großen, ausschließlich vom Wasser lebenden Pflanze recht sein kann. Sie braucht am ehesten einen mittleren Nährstoffgehalt (mit Kalkhaltigkeit) in eher klarem Wasser – also keineswegs eine Überfütterung.

Ob es ihr also reicht oder nicht, kann man nur versuchen (im Biotop wäre das leichter).

Gegenüberliegende Seite:
Sparganium erectum – Igelkolben

Stratiotes aloides – Krebsschere

Trapa natans

Wassernuß

Ebenso interessant und seltsam wie die Krebsschere ist auch die Wassernuß – und ihre Kultivierung im Schwimmteich vielleicht noch schwieriger.

Es ist eine Schwimmblattpflanze an einer langen Wurzel, die irgendwo zwischen zwanzig und fünfzig Zentimeter Tiefe verankert ist; frei ins Wasser hängende Wurzelbärtchen zwischen Grund und Wasseroberfläche zeigen an, daß ein erheblicher Teil des Nährstoffs direkt aus dem Wasser entnommen wird. Das enorm Reizvolle an dieser Pflanze ist ihre Gestalt an der Wasseroberfläche: Vom Zentrum aus werden die eher kleinen, aber glänzend grünen Schwimmblätter rundum zu einem immer weiter reichenden Mosaik angeordnet, wie eine unregelmäßig-komplizierte Rosette; die hellen Blattstiele bilden dabei eine luftgefüllte Verdickung aus, die dem Schwimmen der Pflanze dient.

Ihre Blüte hingegen ist so unauffällig, daß sie oft übersehen wird: Klein und weiß taucht sie für ein paar Stunden zwischen den mittleren Blättern gerade an der Wasseroberfläche auf, ohne sich darüber zu erheben; und krümmt sich dann gleich wieder in die Uneinsehbarkeit unter den Schwimmblättern. Dort wächst daraus die eigentliche „Wassernuß“: eine mehrere Zentimeter große Frucht mit vier langen und sehr spitzen Stacheln.

Im Herbst verfärbt sich die Pflanze gänzlich purpurn, manchmal auch mit hellerem leuchtenden Rot dazwischen: und ist nochmals eine auffällige Pracht. Während sie anschließend langsam zerfällt, lösen sich die – vorläufig noch grünen – Nüsse und sinken auf den Grund; dort werden sie steinhart und glänzend schwarz. In Italien hat man daraus Rosenkränze gemacht, deren Stacheln die Christen an das Leiden gemahnen sollten. Bleiben die Nüsse im Wasser, dann wächst aus ihnen im Frühjahr die neue Pflanze – meistens eine große, kräftige und dazu noch ein oder zwei etwas kleinere, die von der „Ankerkette“ abgezweigt wurden. Man kann sie natürlich auch trennen und hat dann unabhängige Pflanzen, die man frei schwimmen lassen kann.

Diese in der nördlichen Hemisphäre weit verbreitete Pflanze hat auch eine lange Kulturgeschichte: Die Nußschalen wurden in vielen prähistorischen Siedlungen gefunden und geben dabei auch Aufschluß über die Klimaveränderungen, da *Trapa* unter 20 Grad Wassertemperatur keine reifen Samen bildet. Und gegessen wurden die Nüsse – zwischen Japan und Spanien – nicht nur damals, sondern bis in die

Trapa natans – Wassernuß

neueren Zeiten, teilweise – wie in Kaschmir – in so großen Mengen, daß sie über einige Monate das Hauptnahrungsmittel der Bevölkerung darstellten. Man hat sie, in Venedig wie in Finnland oder Südfrankreich, in Salzwasser gekocht oder wie Kastanien geröstet. Da und dort wurden sie als Köstlichkeit angesehen, anderswo war es ein typisches „Arme-Leute-Essen".

Im Schwimmteich wird man leider auf keine üppigen Bestände kommen: *Trapa* verlangt ein neutrales (kalkfreies, nicht saures) Wasser und dazu vor allem eine erhebliche Humushältigkeit am Wassergrund. Letzteres kann man natürlich versuchen, doch wie die Probe ausgeht, wird nur die Praxis erweisen.

Typha

Rohrkolben

Die verschiedenen Arten von Rohrkolben sind bei weitem das beliebteste Schilf an Teichen – sie gehören dazu, wie ein geprägtes Bild, das bei vielen assoziativ aus der Vergangenheit kommt.

Am häufigsten – in der Natur wie im Handelsangebot – ist *Typha latifolia:* der Breitblättrige Rohrkolben. Er wird am größten, nämlich über zwei Meter, und ergibt die dichtesten Palisaden; dazu sind auch seine Kolben am mächtigsten: ein beeindruckender Anblick. Das heißt aber geradezu selbstverständlich, daß auch sein Nahrungsbedürfnis am größten ist. Für die Situation des Schwimmteichs ist dies eine zwiespältige Aussage: Einerseits zehrt er an Nährstoffen, was er nur kann, und das ist begrüßenswert; andererseits findet er doch nicht genug – und wird also weder mächtig noch dicht. Nun kann man es sich je nach Bedürfnissen aussuchen: Wenn man eine ordentliche Palisade will, muß man das Substrat auffetten (und sollte ihn nicht tiefer als vierzig Zentimeter setzen); wenn man bloß ein paar dekorative Exemplare möchte und diese nicht zu groß, dann setzt man ihn ins Schwimmteichsubstrat; oder man entscheidet sich für eine andere Sorte.

Geringfügig weniger Nährstoff braucht *Typha angustifolia,* die mit rund halb so schmalen Blättern und kleineren Kolben mindestens genauso hoch werden kann; außerdem verträgt sie tieferen Wasserstand – etwa bis sechzig Zentimeter. Im Teichsubstrat gedeiht sie eine Spur besser als *T. latifolia,* wirkt zarter, neigt aber statt zur Dichtheit zu einer lockeren Ausbreitung.

Dem Substrat etwas angemessener wäre *Typha Laxmannii* – Laxmanns Rohrkolben, der *T. angustifolia* recht ähnlich sieht; er ist allerdings nicht heimisch, sondern stammt aus etwas östlicheren Regionen. Außerdem neigt sein Rhizom dazu, bis in mindestens zwanzig Zentimeter Tiefe ins Substrat hinabzusteigen und sich dort kräftig zu verwurzeln – im zehn Zentimeter hoch aufgeschütteten Teichsubstrat bleibt er locker, hübsch – und unbefriedigt. Was am ehesten heißt, daß er gar keine Kolben macht.

Wenn man keine hohen, abdeckenden Pflanzenpalisaden braucht, dann ist *Typha shuttleworthii* – der Silber-Rohrkolben – vor allem für kleinere Teiche ideal. Er wird, mit zarten Kolben, gerade einen bis anderthalb Meter hoch, ist vor allem anmutig, liebt die Kalkhaltigkeit und die Armut des Substrats und breitet sich gut aus – vielleicht weiter, als einem lieb ist. Aus ebendiesen Gründen ist er in der Natur extrem vom Aussterben bedroht und auch im Handel nicht oft erhältlich.

Typha angustifolia – Schmalblättriger Rohrkolben

Am akutesten vom Aussterben bedroht ist die entzückende *Typha minima* – der Zwerg-Rohrkolben: eben ein Spezialist für Sand und Schotter in sauberem Wasser. Es wurde schon vorne erwähnt: Im Schwimmteich wuchert er geradezu beängstigend. Die Kölbchen werden nicht größer als fünf Zentimeter, manchmal als ziemlich rundliche Knöpfchen; und die ganze Pflanze erreicht höchstens siebzig Zentimeter Höhe – aber erstaunliche Dichte. Einmal in die Arche Noah aufgenommen, zeigt der Zwerg-Rohrkolben vielleicht etwas zu überschwenglich, wie dekorativ er ist.

Gegenüberliegende Seite:
Typha latifolia – Breitblättriger Rohrkolben

Nächste Seite:
Typha minima – Zwerg-Rohrkolben

PFLANZEN DES UFERS

Adenophora liliifolia

Becherglocke

Gleich bei der ersten Pflanze dieser Liste erweist sich, was am Teich noch möglich ist: So ein nährstoffarmes Ufer an einem sauberen Gewässer gibt es in der Natur fast nirgends mehr. Die letzten nachgewiesenen Stellen des Vorkommens der Becherglocke vor mehr als zehn Jahren waren so spärlich und klein, daß man sich heute kaum noch erwarten darf, ihr in der Natur zu begegnen. Vielleicht ist sie bereits ausgestorben.

Adenophora l. ist ein naher Verwandter der Glockenblumen; und doch sind die Blüten – die Glocken mit den herausragenden „Klöppeln“ – deutlich anders und einmalig; ebenso das blasse und manchmal fast weißliche Blaulila sowie der zarte Duft. Die Pflanze wirkt immer zart, auch wenn sie einen halben Meter oder noch höher wird, und weckt bei manchem Betrachter romantische Gefühle.

Ihr Aussterben hängt ausschließlich mit den Nährstoffwerten zusammen – sie ist Spezialistin für die allerniedrigsten. Knapp außerhalb der Wassergrenze in das Schwimmteichsubstrat gesetzt, gedeiht sie so prächtig, daß man sich ihre extreme Gefährdung kaum vorstellen kann.

Caltha palustris

Sumpfdotterblume
(Foto siehe gegenüberliegende Seite)

Das war einmal eine der allerbekanntesten Pflanzen: Wer auch nur einige wenige Pflanzenarten kannte, dem war auch sie ab der Kindheit vertraut. Die vielen Trockenlegungen haben sie rar, wenn auch noch nicht gefährdet gemacht – in erstaunlich kurzer Zeit. Heute kauft man sie – teilweise aus Nostalgie – beim Gärtner: gefüllt, vergrößert, sogar weiß . . . Die Wildform ist gar nicht mehr leicht erhältlich.
Am Schwimmteich sollte sie unbedingt ihren Standort erhalten, da das warme Gelb ihrer Blüten – je nach Witterung von Ende März bis Mai – so viele erfreut; zugleich ist sie – als eine der ersten blühenden Pflanzen – ein willkommener Frühlingsbote. Sie ist durchaus anpassungsfähig: Je nach Armut oder Reichhaltigkeit des Substrats wird sie höher oder niedriger, ohne daß sich dies auf die Blühfreudigkeit besonders auswirkt. So gilt es beim Setzen nur eines zu beachten: Im Wasser – bis etwa zwanzig Zentimeter Tiefe – braucht sie ganztägige Sonne und wird größer; am Land – also in der feuchten Uferzone – bleibt sie nicht nur ohnehin kleiner, sondern braucht außerdem eine etwa halbtägige Beschattung.

Cardamine pratensis

Wiesenschaumkraut

Wie die Sumpfdotterblume war auch das eine häufige und gar nicht so auffällige Wildpflanze im Feuchten. Wo sich die ihr günstigen Lebensumstände erhalten haben, gedeiht sie auch immer noch – also nicht mehr so häufig.
Am Teich, vor dem Hintergrund des Wassers, kommt die Ausgewogenheit dieser zierlichen Pflanze zu einer Geltung, die auf der Feuchtwiese kaum zu sehen ist. Auch ist sie gar nicht schwer zu halten, weil sie an das Substrat kaum Ansprüche stellt, und vermehrt sich durch Samen ebenso wie durch seitliche Rosetten – wenn sie genügend Schatten erhält.
Die *Cardamine* ist eine sehr geeignete Uferpflanze, wenn ein Teil des Teiches ohnehin – etwa durch einen alten Baum – beschattet wird.

Nächste Doppelseite:
Carex pseudocyperus –
Scheinzypergras-Segge

Carex

Segge

Wie schon anläßlich von *C. elata* angedeutet, ist diese Sippe so umfang- und formenreich, daß es zumindest dem Laien an Überblick fehlt. Immerhin ist nur ein Teil der Seggen auf Feuchtigkeit spezialisiert, aber auch das sind noch genug – nämlich achtundzwanzig verschiedene; zudem sind genaue Bestimmungen oft nur durch Zählen der Narben möglich – und so weiter.

Dazu kommt – allerdings vereinfachend – eine andere Klassifizierung: nämlich welche Sorten sich am Teich bewähren und dekorativ sind – das sind eindeutig weniger.

Die Auswahl des „Dekorativen" ist reine Geschmacksfrage; die Empfehlung der Händler geht sicher zu dem, was sie haben.

Immerhin sollte man eines bedenken: Außer bei *C. elata* handelt es sich beim üblichen Angebot um lauter Uferpflanzen – die also knapp unterhalb oder über der Wassergrenze sitzen. Dort durchwurzeln und festigen sie das Ufer, was auf jeden Fall nützlich ist. Davon ausgehend, kann jeder eigentlich kaufen, was ihm gefällt. Denn es gibt auch keine einzige *Carex,* die extreme Nährstoffbedürfnisse hat – sie lieben „mittel" bis „mager" und fühlen sich im Schwimmteichsubstrat weitgehend wohl.

Eine Ausnahme davon ist nur die manchmal angebotene *C. nigra,* die es gern etwas sauer hätte; eine kleine Torfbeigabe stellt sie gleich zufrieden.

Vielleicht am häufigsten verwendet wird *C. pseudocyperus:* Mit seinem frischen Grün, das im Frühling an junge Reisfelder erinnert, und den büschelig hängenden Ähren ist das eine sehr schöne Pflanze, die am Ufer – zwischen niedrigeren blühenden – markante Akzente setzt.

Ganz ebenso läßt sich die „Hängende Riesensegge" – *C. pendula* – einsetzen; sie bleibt nicht so standorttreu wie *C. pseudocyperus,* da sie nicht horstbildend ist, sondern sich über Ausleger verbreitet – aber das heißt nur: Man setzt sie an die Wassergrenze und läßt ihr ruhig Platz, um sich – vor allem nach unten ins Wasser – auszubreiten. Ganz abgesehen von der Nützlichkeit der Durchwurzelung ist dies eine Pflanze, die mit ihren breiten, dichten Blättern und den hängenden Ähren nicht nur Üppigkeit, sondern auch ein gehöriges Maß an natürlicher „Unordnung" verkörpert – was der Teich braucht, um sich vom angelegten Wassergarten – der er am ersten Tag unweigerlich sein muß – möglichst rasch zu emanzipieren.

Carex pendula – Hängende Riesensegge (Fruchtstand)

Gegenüberliegende Seite:
Carex grayi – Morgenstern-Segge

Noch etwas größer ist, trotz ihres Namens, *C. gracilis*, die sehr reizvoll, aber wirklich nur für größere Teiche zu empfehlen ist, da sie auch in diesem armen Substrat sehr lange Ausläufer nach allen Richtungen aussendet.

Die größte und kräftigste heimische Segge schließlich wäre *C. riparia* – nur spielt sie am Teich nicht ganz mit. Sie ist seltsam graugrün, mit feinen büscheligen Blättern, fast grasartig. Doch nur, wenn sie mindestens einmal im Jahr sehr hoch – nämlich vierzig bis sechzig Zentimeter – überschwemmt wird und im Frühling wieder austrocknet, bildet sie ihre großen Formen aus. Wenn man sie in gleichbleibende Tiefe setzt, also gänzlich unter Wasser, geht sie ein; doch die wirr büschelige Uferform erhält sich, wenn man sie an die Wassergrenze plaziert – und ist durchaus reizvoll.

Diese Aufzählung könnte noch lang werden, aber die grundlegenden Maßstäbe für die eigene Entscheidung sollten reichen.

Zum Abschluß aber nochmals ein „Ausländer" – *C. grayi* oder die Morgensternsegge. Der gemeinte Morgenstern war jene stachelige Eisenkugel an Ketten, mit der im Mittelalter gekämpft wurde; kleinere davon kamen büschelweise an die vielfach geschwänzten Peitschen („neunschwänzige Katzen" etc.). Ein mehr oder weniger so aussehendes und auffälliges, aber zum Glück völlig harmloses Gebilde macht *C. grayi* aus seinem Fruchtstand: und genau so bleibt dieser bis Herbst, ehe er in die einzelnen Samen auseinanderfällt.

Dianthus superbus

Prachtnelke

Die spektakulärste all der vielen Nelkenarten wächst im Feuchten, am Ufer. Und sie ist ganz besonders auf Nährstoffarmut spezialisiert – so extrem wie nur wenige andere Pflanzen; dabei bevorzugt sie ein kalkhaltiges Substrat.

Sie ist geradezu ein Paradebeispiel für das Schwimmteichufer als Arche Noah. Zum Bild muß man nur noch ergänzen, daß sie zart vanilleartig duftet.

Die Pflanze kann sehr klein bleiben – fünfzehn Zentimeter – oder auch über einen halben Meter hoch werden: Die herrlich zerfransten Blüten bleiben gleich groß.

Dianthus superbus – Prachtnelke

Epipactis palustris

Sumpf-Stendelwurz

Das ist die erste hier erwähnte Erd-Orchidee am Teich.
Daß sie irgendwann einmal häufig war, ist eine fast schon müßige Bemerkung. Ebenso wie die Prachtnelke ist sie ein Spezialist für äußerste Nährstoffarmut bei großer Kalkhaltigkeit – also ein idealer Kandidat fürs Teichufer, während sie rundum in der Natur ausstirbt.
Außerdem gibt es sie gelegentlich im Handel.
Ehe eine Orchidee „erwachsen" wird, vergehen einige Jahre: Erst nach zwei bis drei Jahren kommt sie ins Jugendstadium und ist erstmals geschlechtsreif – denn Blühen heißt ja nichts anderes. Später wird dieser werbende Aufwand immer größer und schöner.
Im Grunde muß man ihr recht wenig bieten: Kalkhaltigkeit, Durchlässigkeit des Bodens, Nährstoffarmut. Wenn man sie knapp oberhalb der Wassergrenze in das von gröberen Steinen befreite Substrat setzt, gedeiht sie wunderbar.

Epipactis palustris – Sumpf-Stendelwurz

Nächste Doppelseite:
Eriophorum angustifolium – Schmalblatt-Wollgras

Eriophorum angustifolium

Schmalblatt-Wollgras (Foto siehe vorhergehende Doppelseite)

Die Familie der Wollgräser ist ausschließlich auf Moore beschränkt – und gehört also auch am Teich ins Moorbeet; woanders wäre es ganz sinnlos. Aber allein das Wollgras würde schon die Anlage eines Moorbeetes lohnen.

Manchmal schon im März, spätestens ab April leuchten silbrig die großen Bäusche der Fruchtstände, so auffällig und seltsam, daß man das Wollgras nach dem ersten Anblick nie wieder vergißt. Es handelt sich um dichtgedrängte Samen mit langen Fäden als Flugapparat – ähnlich der „Fallschirme" des Löwenzahns –, so daß eine sehr weite Verbreitung gegeben ist; der geringste Auftrieb der Luft weht diese Fäden mit dem kleinen Samen daran hoch und läßt sie treiben und treiben . . .

Für die ästhetische Egozentrik des Teichbesitzers viel wichtiger ist, daß die Bäusche eben nicht gleich davonfliegen, sondern bis in den frühen Sommer hinein haften bleiben, und wenn es nicht allzu viel regnet, über mindestens zwei Monate ihre silbrigglänzende Form behalten.

Diese Fruchtstände erinnern an die – weniger silbrigen, sondern wattigen – Bäusche der Baumwolle; und tatsächlich wurde längst versucht, *Eriophorum*-Arten als Baumwoll-Ersatz zu züchten. Doch bei der Verarbeitung kam man zu keinem befriedigenden Ergebnis. Dafür herrschte in der Schweiz lange Zeit der Brauch, Kissen mit Wollgrasbäuschen zu füllen; was heute, bei einer regional doch immer mehr gefährdeten Pflanze, nicht mehr der gebotenen Rücksicht entspricht.

Die Wirksamkeit des Silberleuchtens kommt am besten über mehrere Quadratmeter zur Geltung; *E. angustifolium* breitet sich über Ausläufer in der Torferde rasch aus, so daß man nur wenige zu setzen braucht, um in ein, zwei Jahren zu einer gleichmäßig dichten Population zu kommen – wobei sich die Pflanze auch bis zu zehn Zentimeter unter die Wasseroberfläche verbreitet und am Rand des Moorbeets ohnehin ihre natürliche Begrenzung erreicht.

Wenn man weniger Platz zur Verfügung hat, ist *E. vaginatum* eher zu empfehlen: Es bildet keine Ausläufer, sondern zunehmend starke Horste, die schließlich – durch die irgendwann erreichte Dichte der Silberbäusche – eine etwas andere, aber ebenso starke Wirkung haben: nämlich fast signalhaft. Ein Fanal, das nur für sich selber wirbt – oder vielleicht doch für die ganze Moorvegetation, deren natürliche Artenvielfalt man immer seltener sieht.

Euphorbia palustris

Sumpf-Wolfsmilch

Diese recht typische Uferpflanze begleitete seit je die großen Flüsse und dehnte sich mit deren (früher) wechselnden Mäandern in den Feuchtgebieten rundum aus. Die Flußregulierungen haben sie selten gemacht – sie gilt als gefährdet bis vom Aussterben bedroht.

Es ist eine stattliche, fast strauchartige Pflanze von bis zu anderthalb Meter Höhe – die dennoch immer etwas filigran wirkt. Das liegt nicht nur an den schmalen Stengeln und Blättern, sondern auch an den diskreten bis auffälligen Farbspielen, die so viele in der Natur seltene Töne aufweisen.

Alle Euphorbien – rund um die Welt gibt es mehr als zwanzigtausend Wolfsmilchgewächse – haben völlig unscheinbare Blüten, um die sie – als Attraktion für die Bestäubung – stark verfärbte Hochblätter anordnen; der Weihnachtsstern mag als eines der bekanntesten Beispiele gelten.

Bei der *Euphorbia palustris* ist es ein sehr schön gedämpftes, leicht grünliches Gelb, das sie zur Blüte um ihre Scheindolde entfaltet; und bald danach verfärbt sie sowohl Stamm wie weiterwachsende Stengel samt den Blättern in ein Rot, das es sonst in unserer Vegetation kaum gibt.

Am Teich ist sie – bei Kalkhaltigkeit – völlig problemlos zu halten, da sie sich dem Nährstoffangebot gegenüber ziemlich neutral verhält: anpassungsfähig, wie es entlang der Flüsse eben notwendig war. Von dort stammt auch ihre Indifferenz, knapp ober- oder unterhalb des Wasserspiegels zu wurzeln.

Gegenüberliegende Seite:
Euphorbia palustris – Sumpf-Wolfsmilch

Filipendula ulmaria

Mädesüß

Dem deutschen Namen hört man an, daß er eher literarisch ist – in Büchern verbreitet. Er beruht auf nichts als schlechter Erinnerung im Volksbrauchtum: Denn gemeint waren nicht Mädchen, sondern der Met – das alte germanische Honiggebräu. Vor allem im Norden war es seinerzeit verbreitet, die stark duftenden Blüten der *F. ulmaria* verschiedenen Getränken beizumischen: nicht nur Met (wobei der Duft mit der Süße vielleicht noch harmonieren konnte), sondern auch Bier und Wein.

Es handelt sich um eine Ufer- und Feuchtzonenpflanze, die von der Mongolei bis Island verbreitet ist und – bei mittlerem Nährstoffverbrauch – lange gebraucht hat, um den Status der gefährdeten Pflanzen zu erreichen; heute ist es soweit.

Sie wächst strauchartig und wird rund anderthalb Meter groß; da sich jedes Jahr rund um die ältere Pflanze – mit relativ kurzen Ausläufern – neue bilden, hat man den Eindruck, dieser „Strauch" würde immer üppiger und blühfreudiger. Die zuerst aufrechten, aber dann nach den Seiten hängenden Triebe bringen – von Juni bis Juli – vielstrahlige Scheindolden mit dicht stehenden Blütchen hervor: wie elfenbeinfarbener Schaum, der manchmal auch rötlich überhaucht ist. Und jedesmal beim Vorbeigehen wirkt der Geruch: so intensiv, daß er nur im Freien noch zulässig erscheint. („Mädesüß" gehört zu den Rosengewächsen und ist mit den bekannten Spiraeen enger verwandt.)

Obwohl sie Überschwemmungen durchaus verträgt, setzt man sie am besten außerhalb des Wassers – als Akzent zwischen kleineren und ganz anderen Pflanzen.

Fritillaria meleagris

Schachbrettblume

Sie ist durch ihre außergewöhnliche Schönheit berühmt genug – auch wenn ihr die wenigsten je in der Natur begegnet sein mögen. Heute ist sie ganz extrem vom Aussterben bedroht, wobei man auch nicht darauf hoffen kann, daß ihr Überleben vielleicht in anderen Kontinenten gewährleistet bleibt: Sie ist ausschließlich auf Mittel- und Südosteuropa beschränkt – und alleine dadurch schwer benachteiligt.

Bei *Fritillaria* handelt es sich um eine zu den Liliengewächsen gehörige Zwiebelpflanze, die seinerzeit dicht und gesellig in manchmal überschwemmten Wiesen wuchs, welche jedoch nicht sauer sein durften, sondern eher etwas kalkig.

Sie gehört zum Frühling: Bereits im April wächst der – etwas bischofsstabartig geschwungene – Stiel mit wenigen Blättern auf etwa dreißig Zentimeter Höhe, dann bilden sich recht schnell die hängenden, fast vier Zentimeter langen Glocken; nacheinander mehrere pro Pflanze. Und sie tragen das berühmte Schachbrettmuster: winzige Quadratchen aus Weiß und Purpurbraun; daneben treten immer wieder auch rein weiße Pflanzen auf – deren Auffälligkeit allerdings kaum geringer ist. Jede Glocke blüht rund fünf Tage – während derer sie zur Befruchtung auf den *Bombus terrestris* wartet: auf die so liebenswerte Erdhummel. Wenn der Sommer kommt, zieht *Fritillaria* bereits ein – bildet aber unter der Erde (in etwa fünf Zentimeter Tiefe) kleine Nebenzwiebeln, die irgendwann diesen Bestand immer größer und größer machen werden.

Denn am Schwimmteich und in dessen Substrat – vielleicht mit etwas weniger Steinen und toniger Lehmbeimischung – fühlt sich diese herrliche Pflanze durchaus wohl; man braucht sie bloß irgendwo in die Uferzone außerhalb des Wassers zu setzen.

Vorhergehende Doppelseite:
Filipendula ulmaria – Mädesüß

Gegenüberliegende Seite:
Fritillaria meleagris – Schachbrettblume

Geranium palustre

Sumpf-Storchenschnabel

Das ist eine viel „gewöhnlichere“ Pflanze, die noch nicht gefährdet, aber auch schon selten geworden ist. Mit ihren dichten, grünen und zart behaarten Blättern bildet sie auf jeden Fall einen schönen Uferschutz. Daß sie außerdem noch von Juni bis September immer wieder blüht, ist sehr erfreulich. Allerdings heißt das auch: Sie bringt es nicht zu jener spektakulären Wirkung einer Pflanze, die alle Blüten gleichzeitig öffnet, sondern bleibt mit weniger Blüten, denen immer weitere folgen, diskret anwesend. Diese haben immerhin einen Durchmesser von fast vier Zentimeter, sind irgendwo zwischen Blaßviolett und Karminrot und darin dunkler geädert, also – wie viele Wildpflanzen – sofort sehr schön, wenn man ihnen die Aufmerksamkeit zuwendet.

Nach der Blüte beugen sie sich abwärts und bilden mit ihrem „Storchenschnabel“ jenen typischen Mechanismus aus, der die reifen Samen – wie mittelalterliche Beschießungsmaschinen – wegschleudert.

Dieses *Geranium* sitzt gern etwas außerhalb des Wassers; die Kalkhaltigkeit des Substrats ist ihm durchaus recht, und es gedeiht in diesem auch ganz passabel – doch ein Schäufelchen nahrhafterer Erde macht es erst wirklich üppig.

Geum rivale

Bachnelkenwurz

Die Bachnelkenwurz ist – endlich einmal! – noch nicht gefährdet. Aber auch die Gefährdetheit ist nicht unbedingt ein verläßlicher Maßstab für die Pracht. Und *Geum rivale* gehört zu den schönsten Pflanzen des Teichrands.

Schon die so intensiv grün nach allen Richtungen auseinandergefalteten Blätter vermitteln das Bild einer fast tropischen Üppigkeit, die noch dazu das ganze Jahr über – bis spät in den Herbst – anhält. Dann steigen bis zu siebzig Zentimeter Höhe – manchmal bis zu einem Meter – die zahlreichen Blütenstände, die mit dem raffinierten Rotbraun und Weißrosa der hängenden Blüten ein Bild schaffen, das sich mit keiner anderen Pflanze vergleichen läßt.

Doch oft sieht man nur rund zwanzig Zentimeter hohe und kärgliche Pflanzen, die kaum blühen.

Geum rivale sollte man recht deutlich außerhalb der Wassergrenze ins Moorbeet setzen und dort etwas Lehm beigeben: Nichts behagt dieser Pflanze mehr als die Mischung von Torf und kalkigem Substrat. Die extremen Unterschiede ihrer Ausbildung hängen nur davon ab – und wie in jeder Partnerschaft gilt es, die Bedingungen für das Aufblühen des anderen zu kennen.

Gegenüberliegende Seite:
Geum rivale – Bachnelkenwurz

Geranium palustre – Sumpf-Storchenschnabel

Gladiolus palustris

Sumpfgladiole (Sumpf-Siegwurz)

Zum Beispiel in Mallorca kennen wir noch nasse Wiesen, wo der *Gladiolus palustris* so wächst wie einst in Mitteleuropa – man nennt das „gesellig"; bei uns hingegen ist er sehr stark vom Aussterben bedroht; und anderswo wird das nachfolgen.
Als „Gladiole" sind hier nur Züchtungen bekannt und üblich, die enorm groß, fleischig und bunt werden; sie benötigen das übliche Höchstmaß an Dünger. Die Wildpflanze *Gladiolus palustris* ist von zarter Eleganz und braucht das in der Natur minimal mögliche Ausmaß an Nährstoff – das es heute kaum noch geben kann. Außer im Teich.
Da ist alles einfach: Man setzt die Zwiebel in rund fünf Zentimeter Tiefe (im Substrat außerhalb des Wassers) und braucht zur natürlichen Vermehrung nichts mehr zu tun.
Natürlich spricht dann der *Gladiolus* für sich selber.

Gratiola officinalis – Gnadenkraut

Gratiola officinalis

Gnadenkraut

Unabhängig von all ihren – keineswegs nachgewiesenen – medizinischen Wirkungen müßte man diese Pflanze als das sehen, was sie am Ufer ist: verwurzelnd und hübsch.
Man sollte sie solitär außerhalb des Wasserrandes setzen – und fern von jedem Gestrüpp aus Zwerg-Rohrkolben oder *Carex* halten, da sie etwa gleich groß ist, sich vegetativ vermehrt – und diese Pflanzen dann kreuz und quer durcheinanderwachsen.
Völlig allein, zwischen niedrigeren Pflanzen stehend, ist *Gratiola* sehr schön, blüht ungefähr zwei Monate lang weiß – im Juni und Juli – und berührt durch eine Bescheidenheit, die wiederum nähere Aufmerksamkeit erfordert.
Als Spezialistin für ärmeres Substrat ist *Gratiola* hervorragend für den Rand des Schwimmteichs geeignet. Wenn sie – etwa in Schluff – umfällt, bilden sich entlang des ganzen Stengels sehr schnell und in kurzem Abstand neue Pflanzen: Das ist eine typische Vitalität in der Armut; in reichem Substrat hingegen ginge *Gratiola* zugrunde.

Gegenüberliegende Seite:
Gladiolus palustris – Sumpfgladiole

Iris

Schwertlilien

Außer der bereits erwähnten heimischen Wasser-Schwertlilie *(Iris pseudacorus)* in Gelb gibt es noch eine ganze Reihe von Lilien, die das Bedürfnis nach dem am Teich so seltenen Blau befriedigen und die alle an den Uferrand gesetzt werden – knapp ober oder unter die Wassergrenze.

Besonders reichhaltig im Angebot sind die vielen Zuchtformen der japanischen *Iris kaempferi;* und sie sind alle sehr schön.

Dazu kommen zwei importierte Wildsorten: *I. versicolor* aus Nordamerika, die eher hellviolett ist; und *I. laevigata* aus Ostasien, die mit einem dunkel-intensiven Blauviolett aufwartet. Hier handelt es sich nicht um gezüchtete Pflanzen; sie kommen dementsprechend mit einem ärmeren Substrat aus: gedeihen also am Schwimmteich recht gut.

Trotz dieser sehr schönen – und handelsüblichen – Pflanzen erscheint uns wichtiger, aussterbende heimische Sorten für den Schwimmteich zur neuerlichen Verbreitung zu kultivieren.

Da ist zuerst einmal die Sibirische Schwertlilie – *Iris sibirica* –, die keineswegs von Sibirien importiert wurde, sondern weite Teile Europas als ihr natürliches Ausbreitungsgebiet hatte. Man bekommt sie auch in jeder zweiten Gärtnerei: als irgendeine Hy-

Iris laevigata

Gegenüberliegende Seite:
Iris versicolor

bridform, die der ursprünglichen Pflanze höchstens noch durch die schmalen Blätter ähnlich sieht (etwa einen Zentimeter breit). Die Wildform aber – mit ihrer unerhört reichen ädrigen Zeichnung innerhalb der Blüte – ist kaum erhältlich, und zwar aus demselben Grund, warum sie in der Natur ausstirbt: Sie ist Spezialistin für allerärmste Substrate.
In sehr sandigem Lehm am Teichufer – knapp überflutet oder außerhalb des Wassers – wird sie wieder vital und vermehrt sich gern.

Die *Iris spuria* hingegen ist nicht so zart, sondern überragt die *I. versicolor* und hält mit ihrem lebhaft scheckigen Violett der Konkurrenz von *I. laevigata* stand: Es ist eine ganz herrliche Pflanze, die in ihrem ursprünglichen Verbreitungsgebiet – dem Pannonicum – schon extrem selten ist. Sie ist für das Teichsubstrat – im Bereich klaren Wassers, aber knapp außerhalb wachsend – unerhört geeignet: als große blauviolette Teichlilie, die jedenfalls nicht aussterben sollte.

Iris spuria

Gegenüberliegende Seite:
Iris sibirica

Juncus

Simse

Simsen gibt es nicht ganz so viele wie Seggen, aber allein am Wasser sind es auch noch über zwanzig Arten. Von der „Korkenziehersimse" war bereits die Rede.

Wie diese gehört auch der *J. conglomeratus* – die Knäuelsimse – ins Moorbeet. Seine runden, tiefgrünen Halme stehen steif, fast stachelig empor und werden im Laufe der Jahre zu einem immer mächtigeren und höheren Horst – schließlich bis zu einem Meter hoch. Dadurch allein ist er schon auffällig genug; der Blütenstand ist ein vor der Halmspitze seitlich angebrachtes Köpfchen, fast pelzig und schwarzbraun, das den Reiz dieser Pflanze noch erhöht.

Im Wuchs durchaus ähnlich, wenn auch niedriger, ist *J. inflexus (glaucus)* – die Blausimse. An ihr ist das Auffällige, wie schon der Name sagt, die intensiv blaugrüne Färbung der Halme; die Blütenstände sind etwas lockerer. Die Blausimse verträgt kein saures Substrat, sondern ist mit dem kalkhaltigen des Schwimmteichs sehr zufrieden. Man setzt sie direkt an die Wassergrenze.

Ganz anders sieht *J. ensifolius* aus – die Schwertblättrige Simse. Sie bildet – ebenfalls an der Wassergrenze – dichte Bestände von intensiv grünen Blättern, die alle ein bißchen säbelartig gekrümmt sind. Überragt werden sie von den Blütenständen mit ihren dunklen, kugeligen Köpfchen. Diese Simse sieht nicht nur hübsch aus, sondern ist auch ideal zur Befestigung des Ufers. Die Pflanze wird kaum höher als dreißig Zentimeter und breitet sich sowohl durch kurze Ableger wie auch durch Aussamung rasenartig aus.

Juncus ensifolius – Schwertblättrige Simse (mitten darin wächst eine Kardinalslobelie)

Gegenüberliegende Seite: *Juncus conglomeratus* – Knäuelsimse

Lychnis flos-cuculi

Kuckuckslichtnelke

Die Kuckuckslichtnelke ist eine auffällige Wildblume; sie wird, bei eher zartem Wuchs, bis zu achtzig Zentimeter hoch – ihr Reiz besteht aber vor allem in den stark zerfiedert wirkenden Blüten, die im Juni und Juli erscheinen.

Die Pflanze ist recht anspruchslos, solange ihr nicht zu fette Erde geboten wird; sie liebt zwar die Feuchtigkeit – also die Uferzone außerhalb des Wassers –, ist aber gelegentlich auch an trockeneren Stellen anzutreffen. In einem mager gehaltenen Garten kann sie sich – durch reichliche Aussamung – also durchaus vom Teich in die Umgebung verbreiten; wogegen sicher nichts einzuwenden ist.

Lysimachia nummularia

Pfennigkraut

Diese dicht am Boden grün dahinwuchernde Pflanze ist bestens zur Befestigung des Ufers geeignet. Mit immer neuen Ablegern und Verzweigungen breitet sie sich sowohl über Wasser wie auch knapp darunter immer weiter aus; durch ständig neue Verwurzelungen hält sie das Substrat überall fest. Von Mai bis Juli erfreut sie zudem mit leuchtend sattgelben Blüten. Im übrigen ist sie gegen jedes Substrat völlig indifferent, wenn dieses nur genügend feucht ist. Diese Pflanze wird auch vielfach gezüchtet. Denn wenn man sie in Ampeln setzt und sie keinen Untergrund zum Weiterkriechen findet, bildet sie dichte und lange Vorhänge.

Lysimachia vulgaris

Gilbweiderich

Dieser Verwandte des Pfennigkrauts wird bis zu anderthalb Meter hoch und setzt damit sowie mit den großen, gelben Blütenrispen einen kräftigen Akzent. Die Pflanze ist anspruchslos, doch im mageren Substrat mit ihren Ausläufern etwas sparsamer als in nahrhaftem Untergrund. Früher wurde sie zum Färben verwendet, und zwar die Blüten für Gelb sowie die Wurzeln für Braun.

Lysimachia vulgaris – Gilbweiderich

Lythrum salicaria

Blutweiderich

Obwohl noch durchaus in der Natur verbreitet, ist der Blutweiderich eine der spektakulärsten Pflanzen am Ufer. Er kann fast zwei Meter hoch werden, wobei die ährig sitzenden, dichten Blüten in ihrem leuchtenden Purpurrot die obersten fünfzig Zentimeter ausmachen können. In der Natur kann *Lythrum s.* bis ziemlich tief ins Wasser hinabsteigen – über einen halben Meter –, am Teich empfiehlt sich, ihn nicht tiefer als zwanzig Zentimeter zu setzen. Er wächst aber genauso gut am Ufer außerhalb des Wassers und ist dem Nährstoffangebot gegenüber ziemlich indifferent.

Gegenüberliegende Seite:
Lythrum salicaria – Blutweiderich

Mentha aquatica

Wasserminze

Sie ist eine der Stammpflanzen der Pfefferminze *(Mentha x piperita)* – die Anwendung in der alten Volksmedizin geht wahrscheinlich auf sie zurück; in Japan und China wurde Menthol schon vor mehr als 2000 Jahren verwendet, hauptsächlich gegen Leber- und Gallenprobleme. Man kann also die im Teich wachsende Minze unbesorgt für Tees verwenden – falls sie einem zu üppig wird.

Das kann durchaus geschehen: Die Ausläufer, die am Ufer in der Erde wachsen, aber unter Wasser – meist rötlich gefärbt – über dem Substrat dahinziehen, können lang und zahlreich werden; auch im armen Schwimmteichsubstrat breitet sich die Minze oft kräftig aus. Die zwischen dreißig und achtzig Zentimeter hohe Pflanze ist durchaus hübsch; sie hat die typisch festen, aber brüchigen Minzeblätter und eine lila bis hellviolette Blütenkrone, die irgendwann – zwischen Juli und Ende September – ziemlich lange blüht.

Die Wasserminze ist nicht nur auf allen Kontinenten (außer Australien und den beiden Teilen Amerikas, wo sie längst verwildert ist) zu Hause, sondern hat auch zahllose Unterformen ausgebildet. So gibt es Wildsorten, die bis in zwei Meter Wassertiefe hinabsteigen, während andere an fast trockenen Stellen wachsen. Was sie jedoch immer brauchen, ist eine mehr oder minder hohe Kalkhaltigkeit des Wassers oder Substrats.

Mimulus guttatus

Gauklerblume

Die großen Blüten der Gauklerblume – leuchtend gelb – sehen in ihrer Form denen des Löwenmäulchens ähnlich, mit dem sie auch entfernt verwandt ist, obwohl die Pflanze eigentlich aus Chile stammt. Aber sie ist schon im vorigen Jahrhundert in fast ganz Europa verwildert, indem sie sich entlang der feuchten Zonen – vor allem der Flüsse – verbreitete.

Das sagt auch genug über ihr Verhalten am Teich; einmal gesetzt, wird sie dort, durch Ausläufer vermehrt, standorttreu bleiben, aber durch Aussamung mit der Zeit an immer mehr Stellen auftauchen. Die Pflanze wird rund einen halben Meter hoch und blüht im Hochsommer, und zwar oben am Hauptstamm; erst dann öffnen sich immer tiefersitzende Knospen und schließlich, wenn diese verblüht sind, all jene an den Seitenästen. So erfreut die Gauklerblume über Wochen mit ihrem kräftigen Farbakzent.

Gegenüberliegende Seite:
Mentha aquatica – Wasserminze

Nächste Seite:
Mimulus guttatus – Gauklerblume

Myosotis palustris

Sumpf-Vergißmeinnicht

Die kleinen, blauen Blütensternchen kennt jeder – und sie verändern sich innerhalb der vielen Wildsorten kaum in sichtbarer Weise; manchmal sind sie etwas dunkler, dann wieder heller blau.

So sieht auch das Sumpf-Vergißmeinnicht allen nahen Verwandten sehr ähnlich. Vor allem am Ufer ist es, mit rund zwanzig Zentimeter Höhe, eine sozusagen durchaus übliche Erscheinung; durch Ausläufer verbreitet es sich bald zu dichten Polstern. Allerdings tendiert es dazu, ins Wasser hineinzuwachsen. In der Natur kann es gänzlich und hoch überschwemmt werden: Dann wachsen die Stengel bis zu anderthalb Meter Länge, und es taucht – durchaus blühend – aus der Tiefe auf. Bleibt der Wasserstand allzu lange so hoch, dann faulen die Stengel ab, die Pflanze bildet an der Wasseroberfläche neue Wurzeln und driftet dahin, bis sie an ein Ufer gespült wird, wo sie sich erneut verwurzelt. Unter Wasser – bzw. Eis – bleibt die Pflanze übrigens auch wintergrün, während sie am Land gänzlich einzieht.

M. rehsteineri – das Bodensee-Vergißmeinnicht – ist wohl schon ausgestorben: Es verlangt ärmstes, aber dabei kalkreiches Substrat. Da es gelegentlich in Weiterzüchtungen erhalten ist, sollte man es im Substrat des Schwimmteichs unbedingt setzen – direkt am Ufer. Dort wird es nur drei bis acht Zentimeter hoch (unter Wasser etwa zwölf) und bildet dichte, geradezu rasige Polster in leuchtendem Grün, aus dem dann die kleinen, blauen Sternchen leuchten.

Myosotis palustris – Sumpf-Vergißmeinnicht

Orchis palustris

Sumpforchidee

Das wirklich einzige, was gegen diese herrliche Pflanze spricht, ist – daß man sie wohl kaum erhalten wird. Doch da die – überaus kunstreiche – Nachzucht der wilden Orchideen wohl die größte Chance ist, daß diese so extrem gefährdeten Pflanzen wenigstens in Gärten und/oder an Teichen weiter überleben werden, kann es sein, daß es auch die *Orchis palustris* einmal im Angebot geben wird. In der Natur ist sie eindeutig vom Aussterben bedroht.

Sie verlangt kalkigen Grund von besonderer Armut, wobei sie nicht in stauender Nässe stehen muß; der Boden soll feucht, aber gut durchlässig sein. Dann wird die Pflanze – mit dem „Erwachsenwerden" – bis zu sechzig Zentimeter hoch. Und über ihre Pracht braucht man gar nicht zu reden.

Wer sich auf Orchideen am Teichrand einlassen will, wird noch mehr Sorten finden, denen die Feuchtigkeit behagt: etwa *Dactylorhiza majalis* oder *D. traunsteineri* und andere. Da sollte man sich vorher mit einem eigenen Fachwerk auseinandersetzen, um diese wertvollen Pflanzen nicht durch vermeidbare Fehler wieder zu verlieren.

Potentilla palustris (Comarum p.)

Sumpfblutauge

Die sternförmigen, dunkelpurpurnen Blüten haben dieses Fingerkraut berühmt gemacht. Man muß das Sumpfblutauge – ein Spezialist für saure Armut – unbedingt ins Moorbeet setzen.

Dort kriecht die rötlich gefärbte Sproßachse schlangenförmig dahin und treibt immer wieder Äste empor – mit den typischen, fünf- oder siebenfach gefiederten Fingerkrautblättern. Da sie dabei immer wieder auch Adventivwurzeln ins Erdreich senkt und sich die neuen Pflanzen durch Abfaulen von der alten trennen, werden es langsam mehr. Das stört nicht: Das Sumpfblutauge schlängelt sich durch andere Pflanzen, wie etwa das Wollgras, und taucht dann da und dort mit seinen seltsamen Blüten auf.

Gegenüberliegende Seite:
Orchis palustris – Sumpforchidee

Nächste Seite:
Potentilla palustris – Sumpfblutauge

Primula farinosa

Mehlprimel

Die Beschreibung dieser Pflanze entspringt nichts als einem Wunschgedanken: Wir konnten noch kein Exemplar zur Weiterzucht erhalten. Diese rotlila Schlüsselblume, die ab Mai blüht, wäre ein großer Gewinn am Teich und könnte dort überleben – sie verlangt, außer dem sonnigen Standort, den niedrigsten Nährstoffwert und höchsten Kalkgehalt; in der Natur scheint sie zum Aussterben verurteilt zu sein.

Statt in dieser Weise die eindeutige Nützlichkeit mit dem ästhetischen Reiz zu verbinden, verwendet man allgemein und gedankenlos die vom Himalaja (Kaschmir) importierte Rosenprimel – *Primula rosea*. Das ist ein Beispiel für viele (die hier gar nicht angeführt sind): Statt an die rechtzeitige Nachzucht und das Überleben immer seltener werdender Pflanzen zu denken, wenn für diese neue Standorte – wie der Teich, aber auch ein Trockenrasen im Garten – zur Verfügung stehen, scheint sich der Handel eher an der bequemen Verfügbarkeit und den Gewinnspannen zu orientieren.

Primula rosea – Rosenprimel

Veronica beccabunga

Bachbunge

Ebenso wie das Pfennigkraut ist dieser Bodendecker eine besonders geeignete Uferbefestigung. Die dunkelgrünen Blätter wirken recht lebhaft; die sich verzweigenden Sproßachsen kriechen ziemlich weit – oft vom Ufer direkt ins Wasser hinein. Dabei schwimmen sie auf und entwickeln beträchtliche Wurzelbärte, mit denen sie den Nährstoff direkt dem Wasser entnehmen. Erst wenn dieses einmal sinkt und sie auf dem Substrat aufliegen, verwurzelt sich *Veronica beccabunga* auch dort und wächst dann im Seichten unter Wasser weiter. Das tut sie erstaunlicherweise sogar noch, wenn sie vom Eis umschlossen ist – sie scheidet von den Blättern (wohl hauptsächlich salzhaltige) Stoffe aus, die in der unmittelbaren Umgebung des Blattes das Eis auflösen. Das sieht im Winter ziemlich verblüffend aus.

Die in lockeren Trauben auftretenden blauen Blüten sind so hübsch, daß man nur bedauern kann, am Teich nicht häufiger mit einer Lupe unterwegs zu sein – wie bei den meisten Ehrenpreisarten fällt die Schönheit zu klein aus, und bei der Bachbunge besonders.

Veronica beccabunga – Bachbunge

ENDE: UNABSEHBAR

Was wir anfangs wollten, war zu einfach, um es auf herkömmlichem Wege zu erhalten: einen möglichst naturnahen Schwimmteich ohne Firlefanz. Es gab nur Kompliziertes. Uns den eigenen Wunsch schließlich selbst zu erfüllen, wurde zum erstaunlichen Vergnügen.

Wir gingen von dem aus, was wir gern hatten: die Auen, Wasser und Pflanzen; und studierten, was uns nützlich schien. Im vorigen Jahrhundert, als die Botanik noch „sciencia amabilis" – die liebenswerte Wissenschaft – hieß, galt es als besonders schön, dieses oder verwandte Gebiete als Liebhaberei zu betreiben. „Naturforschung" im alten Sinn führt heute oft nur zu Trauer um vergangene Schönheit; dennoch bleibt diese stets im Mittelpunkt der Beschäftigung; und immer wieder gelingt es, Reste von ihr aufzuspüren. Die Seltenheit drängt aber gleichzeitig zu einer Verantwortung, welche die Beziehung intimer macht – und den Reichtum noch wertvoller. Solche Behutsamkeit war der alten Forschung weniger bekannt, da sie aus dem Überfluß nahm, was sie brauchte. Jetzt wollen wir das Geheimnis lüften, bevor sein Träger für immer verschwunden ist.

Auch die Suche nach Verständnis kann den unmittelbaren Reiz, das lebhafte Entzücken nie überdecken. Das Ahnen oder Begreifen von Zusammenhängen gibt der Faszination zusätzlichen Inhalt. Die Antworten auf die Fragen, die man der Natur stellt, zeigen sich nur in dieser selbst und sind nicht Worte, sondern Erlebnis. So verstärkt selbst sachliches Vorgehen die ständig anwesende Verführung und vertieft die Passion: die genauer erkannte Schönheit ist nur größer geworden.

Wenn einen Liebe anrührt, geschieht meist Ungeplantes. Unser Teich wurde – statt Endergebnis – ein Beginn, schließlich sogar von einer Firma. Und Anfang vor allem und immer wieder, weil das Schauen kein Ende nimmt und in der Natur zum eigentlichen Verstehen wird. Hier heißt der Fortschritt am ehesten: stumme Geduld. Mittlerweile haben wir Hunderte Meter von Beeten voll der verschiedensten Wasser- und Sumpfpflanzen, von denen wir ständig lernen. Sie bestimmen auch, wann unsere – eigentlich ganz anderen – beruflichen Tätigkeiten oder Absichten zurücktreten müssen; und wir sind folgsam. Es ist erstaunlich, wie wenig man selber entscheiden kann, wenn die Natur führt. Und davon ist kein Ende abzusehen.

STICHWORTVERZEICHNIS

Die kursiv angegebenen Seitenzahlen beziehen sich auf die Abbildungen.

KURZE BIBLIOGRAPHIE

W. Adler, K. Oswald, R. Fischer: Exkursionsflora von Österreich, Ulmer 1994

H. Baensch, K. Paffrath, L. Seegers: Gartenteich Atlas, Mergus 1992

Ellenberg, Heinz et. al.: Zeigerwerte von Pflanzen in Mitteleuropa, Scripta Geobotanica, Erich Goltze 1992

Engelhardt, Wolfgang: Was lebt in Tümpel, Bach und Weiher?, Frankh-Kosmos 1989

H. Ettl, J. Gerloff, H. Heynig (Hrsg.): Süßwasserflora von Mitteleuropa, Bd. 23 u. 24, Gustav Fischer 1981

G. Grabherr, L. Mucina (Hrsg.): Die Pflanzengesellschaften Österreichs, 2. Bd., Gustav Fischer 1993

Günzel, W. R.: Teiche und Moore, Dähne 1996

Hegi, Gustav: Illustrierte Flora von Mitteleuropa, 13 Bde., 1906–1931

G. Kohls, U. Kähler: Orchideen im Garten, Parey 1993

Laux, Hans: Pflanzen am Wasser, Frankh-Kosmos 1994

A. u. C. Nöllert: Die Amphibien Europas, Frankh-Kosmos 1992

Schwoerbel, Jürgen: Einführung in die Limnologie, Gustav Fischer 1993

Sommer, Ulrich: Algen, Quallen, Wasserfloh – Die Welt des Planktons, Springer 1996

H. Streble, D. Krauter: Das Leben im Wassertropfen, Frankh-Kosmos 1988

Wächter, Karl: Der Wassergarten, Ulmer 1993

Witt, Reinhard: Naturoase Wildgarten, BLV 1992

Witt, Reinhard: Wildpflanzen für jeden Garten, BLV 1994

Die Autoren

Anna Dobler, geboren 1961, nach dem Gymnasium mehrjähriger Aufenthalt in Belgien, danach zehn Jahre Flugbegleiterin. Seit vielen Jahren für die Erhaltung der Donauauen engagiert, dabei zunehmende Kenntnis von deren Vegetation und Umweltbedingungen. Daraus entstand die Idee, den bedrohten Wildpflanzen in Biotopen und Schwimmteichen neue Lebensräume zu schaffen. Verheiratet mit Wolfgang Fleischer.

Wolfgang Fleischer, geboren 1943, Übersetzer und Schriftsteller; Dokumentarfilme und Publikationen, zuletzt „Heimito von Doderer – Bilddokumentation" und „Das verleugnete Leben – die Biographie des Heimito von Doderer (beide bei Kremayr & Scheriau).
Seit rund 25 Jahren bei langen Auslandsaufenthalten (vor allem in Südamerika und Asien) mit tropenbotanischen Studien, in Österreich vor allem mit der Vegetation der Trockenrasen und Feuchtbiotope beschäftigt.

Anna Dobler und Wolfgang Fleischer leiten die Firma „Nymphea – Biotopgestaltung" in Arbesthal (Niederösterreich), wo sie in Zusammenarbeit mit dem Botanischen Institut Leipzig und dem Hygrobotanischen Institut der Tschechischen Akademie der Wissenschaften aussterbende Pflanzen nachzüchten.